Les Mythes de Bordeaux

1855

Michel HANSEN

Emeric SAUTY DE CHALON

Textes

Jean-Luc CHAPIN

Photographies

Les Mythes de **Bordeaux**

1855

Sommaire

Les Mythes de Bordeaux

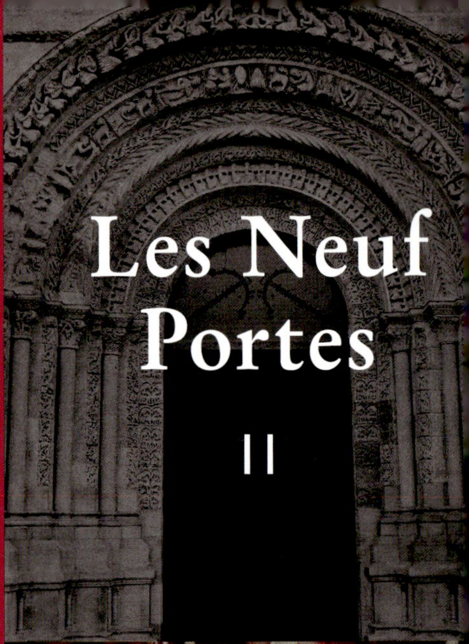

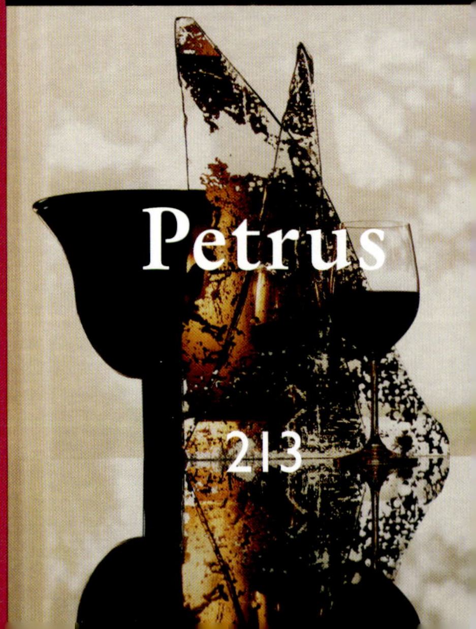

Les Mythes de Bordeaux

Avant-Propos

Ausone, Cheval Blanc, Haut-Brion, Latour, Lafite, Margaux, Mouton, Petrus et Yquem. Ce livre est exclusivement consacré aux neuf plus grands châteaux de Bordeaux, élevés au rang de mythe par les amateurs de grands vins.

Révéler les secrets et le sens caché des neuf plus grands châteaux de Bordeaux

L'ambition de ce livre ? Révéler les secrets et le « sens caché » des neuf mythes de Bordeaux. Comment ? En livrant pour chacun d'eux les traits marquants de son histoire, les lieux et clefs symboliques du château, les « secrets de fabrication », et surtout, le goût « absolu » de chaque vin : les grandes constantes de style au fil des millésimes.

Chacun de ces très grands vins est un personnage, un symbole, un mythe. Ausone, le Graal Noir. Cheval Blanc, le Poète des Rêves. Haut-Brion, l'Esprit des Lumières. Latour, le Parfait Chevalier. Lafite, la Quête de l'Absolu. Margaux, la Déesse des Rêves. Mouton, l'Artiste Flamboyant. Petrus, Le Colosse de Plaisir. Et Yquem, le Graal de Lumière.

Ce livre s'adresse aux amateurs de vins, d'aujourd'hui et de demain. A ceux qui apprécient déjà ces très grands vins, l'objectif sera atteint s'ils se disent : « Oui, ces mots, ces images, ces émotions, ... C'est bien cela. » Ce livre s'adresse aussi aux amateurs de demain, à ceux qui n'ont pas – encore – découvert le plaisir unique de la dégustation de l'un de ces vins magiques. Un souhait : que chacun d'entre eux dise, en fermant ce livre : « Il faut absolument que moi aussi, un jour, je déguste ces vins... ».

Des textes à ambition initiatique

Donner à l'amateur les clefs de compréhension de ces vins magiques, le sortir de cette *terra incognita* où l'expérience, faute de mots appropriés, ne peut être exprimée, où la technique et le jargon barbare peuvent exclure le lecteur, et où la critique des professionnels est trop souvent désenchantée. Les textes, à ambition initiatique, sont de deux auteurs, Michel Hansen et Emeric Sauty de Chalon, amis depuis dix ans.

Michel Hansen est un expert en stratégie marketing, ayant travaillé avec Carrefour, Kellog's, Pepsi, Baccardi, Guerlain et Krug. Normalien, agrégé de lettres, un temps enseignant, devenu sémiologue, il a passé sa jeunesse à lire les bons auteurs et il a conservé cette vieille manie. En outre — nul n'est parfait —, il est amateur de grands vins. Sa chance : n'avoir jamais écrit sur le vin. Son atout : être vierge de tout préjugé. Son dessein : révéler la puissance mythique des grands vins de Bordeaux. Sa phrase fétiche : « Il n'y a pas une vérité ; il n'y a que des milliers de façons de révéler les possibles. »

Emeric Sauty de Chalon est le fondateur et le Président de **1855**, la société de vente de grands vins créée il y a un peu plus de dix ans et qui a pour ambition d'être dans son domaine ce que Hermès est au luxe. Diplômé de l'université de Dauphine (Paris) et d'HEC, grand amateur de vins depuis que son père lui a légué sa cave, à l'âge de 18 ans — une version française du poème de Kipling : *Tu seras un homme mon fils* —, il est aussi un grand amateur de livres et de musique. Et à l'origine de la création des **Editions 1855** et du livre *Les Mythes de Bordeaux*.

Une nouvelle écriture photographique dans le monde du vin

Un seul artiste. Des photographies exclusives. Un nouveau regard sur les paysages, la vigne, les raisins, les chais, les bouteilles, l'architecture, ... Un travail d'immersion de deux ans, dans chacun des neuf châteaux de Bordeaux, pendant tout le cycle végétatif de la vigne (hiver, printemps, été, automne).

Pour relever le défi, **Les Editions 1855** ont fait appel au photographe Jean-Luc Chapin, membre depuis 1993 de l'**Agence VU'**, toujours prête à accompagner les projets dans lesquels ses photographes-auteurs peuvent donner le meilleur d'eux-mêmes.

Son œuvre est parcourue par un double parti pris : celui de la littérature et celui de la nature, ou plus précisément celui du merveilleux et du sauvage dans la nature. Jean-Luc Chapin a longtemps arpenté le Bordelais, la région où il vit, et il s'est arrêté dans les vignes et sur les terres de Montesquieu, Montaigne et Mauriac. Depuis peu, il arpente la Haute-Normandie, ses forêts, ses marais, ses sangliers... Il y a rencontré l'un de ses hôtes les plus illustres : Victor Hugo (« *Retours à Hugo* » de Jean-Luc Chapin, Editions Confluences, 2005).

En lisant les premiers textes du livre *Les Mythes de Bordeaux*, il a été séduit. « Le vin, comme le paysage, est une vue de l'esprit ». Ce fut son premier commentaire. Et sa feuille de route.

Les Neuf Portes

Le Sens Caché

« Ces mythes sont des Portes, des lieux de passage entre les ténèbres et la lumière, entre le profane et le sacré. »

Les Neuf Portes

Le Sens Caché

Quel est finalement le secret ultime de ces neuf châteaux de Bordeaux ?

Tous ces vins sont d'abord des *mythes*, soit une représentation symbolique du monde, faisant appel à l'imagination, aux perceptions, et aux langages des signes. Avec Latour, vous quittez le monde d'aujourd'hui pour entrer dans l'univers des chevaliers anciens, et de leur code d'honneur de droiture, fidélité et certitude. Avec Haut-Brion, vous pénétrez dans le cercle des grands esprits humanistes, éclairés. Un monde de culture, de voyage, et universaliste. Cheval Blanc vous emporte lui dans le monde de l'imaginaire infini de la poésie, où seul compte la sensation, l'expression et le mouvement du rêve.

Ces mythes sont aussi des *portes*, des lieux de passage entre deux mondes, entre les ténèbres et la lumière, entre le profane et le sacré. Invitant l'amateur de vins au voyage vers un au-delà, jouant le jeu d'épreuves initiatiques chez les amateurs de vins. Ausone appelle un monde intérieur de questions essentielles sur le sens de la vie et de la mort. Lafite utilise lui à la perfection l'infini des possibilités intellectuelles et mathématiques de l'esprit pour vous faire accéder à la dimension absolue de toutes choses. Avec Petrus, la démesure de sensations et d'émotions vous emporte elle dans un océan infini.

Mais si chacun de ces grands vins est une porte, chacune d'elle est unique, et s'adresse tour à tour à des facettes de caractère distinctes chez l'amateur de vins. L'homme sensible et éperdument amoureux succombera au charme secret de Margaux. L'artiste vibrera à l'enchantement et à l'émerveillement que sait procurer Mouton. Le mystique, lui, gouttera la sérénité intérieure en dégustant Yquem.

Trois gardiens veillent sur ces neuf portes et interdisent l'entrée de cette enceinte sacrée à ceux qui ne sont pas prêts pour apprécier ces vins.

L'éducation, qui permet de les comprendre.

Le *partage*, car ces vins de conversation ne peuvent être dégustés dans la solitude.

Et la *transmission* initiatique, de génération en génération, pour que vive au travers des siècles la magie des mythes de Bordeaux.

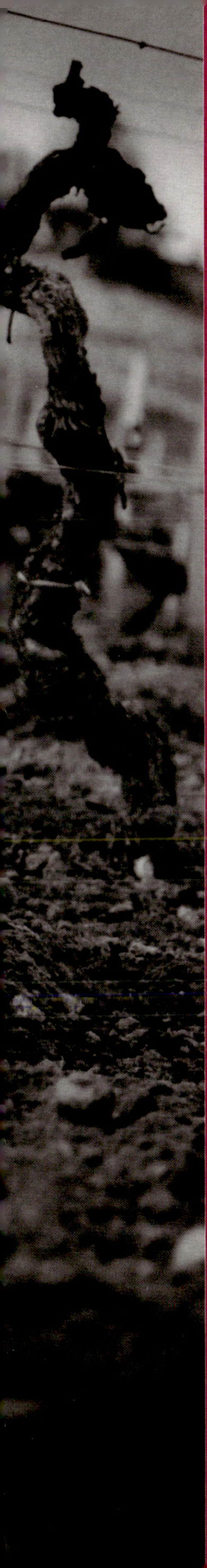

Ausone

Premier Grand Cru Classé A, Saint-Emilion

Le Graal Noir

Ausone

Ici, tout n'est que silence, poussière de pierres, et même présence entêtante de la mort que dans les vanités du XVIIe siècle.

Une méditation sur la mort

Ausone a prospéré sur une partie d'un très vieux cimetière de Saint-Emilion, à l'extrémité sud-est du plateau du village. Les vieilles vignes poussent en partie sur une nécropole, les racines traversent des tombes creusées dans le roc et s'enchevêtrent aux ossements humains. Caisses de crânes et d'os exhumés lors d'arrachage de vignes font partie du paysage. Un tel spectacle vous fait relire les *Oraisons funèbres* de Bossuet. Sur ce terrain pauvre et friable de calcaire et de pierres, les vignes poussent en silence, comme absorbées par la contemplation de la mort omniprésente.

Le château, entouré de vignes, est perché en haut du coteau, où il domine du regard toute la plaine de Saint-Emilion. Le reste du vignoble (les trois quarts des 7 hectares) dévale la pente abrupte de la côte. Vu d'en bas, on jurerait être aux pieds d'un château cathare.

Rappel du lien étroit qui unit les vins de Saint-Emilion au calcaire, le sous-sol est truffé de vastes galeries. Evoquant la pureté dépouillée et austère d'une abbaye cistercienne, ces anciennes carrières servent aujourd'hui à Ausone de chais et de cave à vins. Le sol est tellement creusé que les racines des vignes qui poussent dessus crèvent en plusieurs endroits le plafond. Les éboulements ne sont pas rares.

Sur le haut du coteau, au milieu des vignes, une chapelle du début du XIIIe siècle défie le temps. Le soleil y pénètre difficilement. Blanche, noire, rouge, jaune, verte et bleue, la chapelle de la Madeleine était à l'origine entièrement peinte et le reflet sur terre de la Jérusalem céleste. Aujourd'hui, les peintures du Jugement dernier et de la résurrection des morts qui ornent encore ses murs inspirent toujours les vignes d'Ausone à donner le meilleur d'elles-mêmes.

Leçons de ténèbres

Dans le verre, Ausone est d'abord noir et muet comme le ciel du Golgotha. Fermée et inflexible, sa couleur sombre et dense semble absorber la lumière. Un aveu murmuré. Ce vin ne se livre qu'à voix basse. D'abord, si caractéristique d'Ausone, des parfums

Page 16, peintures du Jugement dernier sur les parois d'une grotte, sous la chapelle d'Ausone. Le diable poussant les damnés : « L'image d'un geste autrefois terrifiant. »

subtils de feuilles sèches et de terre, comme une invitation à rentrer en soi-même. Un rappel du livre sacré : « Tout est poussière et retournera en poussière. »

Ce vin propose une véritable morale de la dégustation : austère, surtout dans sa jeunesse, il refuse la facilité du charme et l'émotion des sensations caressantes. Presque du plaisir. Ausone exprime à cet instant la tristesse, la solitude, la séparation, et rappelle les *Leçons de ténèbres* des grands musiciens baroques français. Dépouillées, austères et tristes lamentations du Christ en croix, abandonné par les apôtres.

Puis, avec lenteur, du tréfonds de cette sainte et salutaire tristesse, vous monte au cœur une douce et pure lumière. Votre palais s'éclaire mystérieusement.

De la nuit obscure du verre s'envolent alors des notes de parfum d'une pureté lumineuse. D'abord, la fraîcheur vive de la mûre, du cassis et de la framboise. Puis, d'extraordinaires et intenses parfums de roses, celles qui se plaisent tant sur le calcaire d'Ausone. Un incroyable jardin prend vie dans votre verre. Réglisse, menthe, moka, ... Ausone révèle à l'amateur attentif, disponible et prêt les prémices de ses secrets, et la richesse de ses parfums. Chacun d'eux est d'une précision extrême, tendue à se rompre. Jamais de sensation de lourdeur ni de puissance. Le palais reste toujours frais et disponible pour de nouvelles sensations célestes.

La complexité de parfums est surnaturelle, les neuf chœurs des anges chantent et résonnent dans votre verre. Par ces messagers, Ausone exprime toute la beauté et l'intensité de la vie éternelle. Passage de l'obscurité à la lumière, de l'austérité à la générosité, du silence à l'infini. Dans chaque bouteille d'Ausone se joue presque le mystère de la Résurrection.

Une liturgie ancienne et oubliée

Pour donner vie à ce vin obscur et mystérieux, on pratique à Ausone une ancienne et étrange liturgie, presque oubliée des hommes.

Le coteau sacré d'Ausone est orienté est et sud-est. Les vignes sont donc principalement tournées vers l'orient. Protégé des vents, des grands froids mortels et de la facilité des grandes chaleurs, chaque pied de vigne peut capter l'énergie du soleil au meilleur moment de la journée : du matin jusqu'à midi. Chaque raisin peut ainsi mûrir lentement et sécréter en lui ces parfums si intenses. Ce lent processus donne également à Ausone son exceptionnelle capacité à vieillir et à traverser les décennies.

Les très vieilles vignes (45 ans) sont constituées de deux cépages : Merlot et Cabernet franc. Mais on vénère tout particulièrement ce dernier, appelé ici le « Bouchet » : l'authentique cépage ancestral de Saint-Emilion, aux parfums si magiques.

Un autre secret d'Ausone est la nature de son sol, mélange de calcaire et d'argile – une position unique parmi les plus grands vins de Bordeaux – qui fait souffrir la vigne juste ce qu'il faut pour qu'elle puisse donner le meilleur d'elle-même.

« Fais donc pénitence pour tes péchés cachés, et pour la malice occulte de ceux que tu connais. » Sur ce sol calcaire, les vignes suivent cette pensée de Pascal. La roche absorbant les excès de la nature en eau, la vigne est au sec. Soumises à cette discipline, les racines sont incitées à travailler durement la pierre pour chercher leur nourriture.

Mais le fond d'argile du sous-sol retient beaucoup d'oligo-éléments et les restitue dans la durée à la vigne. Sans cette argile prédestinée, ces précieuses denrées auraient tendance à être lessivées par l'eau de pluie. Les raisins à Ausone ont donc beaucoup plus de goût qu'ailleurs.

« Tout doit être parfaitement propre. » Alain Vauthier pratique dans ses rangs de vignes tout ce qu'il est humainement possible de faire pour éviter la pourriture des raisins : aération, vendanges vertes... Au moment des vendanges, lorsque la maturité est parfaite, les corps des raisins sont précieusement recueillis – de préférence par des femmes – et transportés dans les anciennes catacombes qui servent de chais.

« Je suis un peu obsédé par la pureté des arômes », glisse Alain Vauthier au détour d'une conversation. Tous les gestes à Ausone sont guidés par une même quête : pouvoir restituer dans le vin la pureté primordiale des arômes. Pour cela, la liturgie continue par de véritables rituels de purification. Par l'eau, la chaux et le feu.

On pratique d'abord à Ausone un vieux rituel d'ablution. Un déluge d'eau bouillante s'abat régulièrement sur tous les outils, ustensiles et cuves qui ont été en contact avec le raisin et son jus.

A cette température de presque 100 °C, extrêmement dangereuse pour l'homme, toute saleté est brûlée, toute souillure lavée, tout passé effacé. La purification est totale. La pureté restituée.

Puis, comme dans l'ancienne liturgie de la Semaine sainte où l'on installait des voiles sur toutes les statues et les crucifix des églises, les chais d'Ausone sont recouverts deux fois par an d'un linceul de chaux. Le sol devient blanc, immaculé. L'aseptisation des lieux ainsi provoquée permet d'obtenir une grande pureté aromatique de l'air. Le vin, qui sommeille dans les cuves ou les barriques, est ainsi préservé de toute intrusion olfactive extérieure.

Ce voile de chaux, qui transforme l'espace en lieu de pénitence et d'attente, est aussi pour le jus du raisin une préparation symbolique au retour à la lumière, lorsque qu'il accédera à la vie éternelle dans la bouteille

Enfin, dernier rituel, entre deux soutirages, on brûle une pastille de soufre dans chacune des barriques qui vont accueillir le vin. Comme la pluie de soufre qui consuma Sodome, aucune bactérie ne résiste à ce feu infernal et destructeur.

Le Jugement dernier. Tout y renvoie à Ausone. L'orientation du lieu. La présence de la mort qui hante les vignes. Les peintures qui ornent les murs de la chapelle Sainte-Madeleine. Et cette liturgie d'initiés, qui rappelle que depuis les temps les plus anciens, et plus particulièrement depuis deux mille ans avec l'eucharistie, le vin est un élément central des rituels les plus importants pour l'homme.

Récompense ou châtiment. A Ausone, chaque millésime semble un rappel insistant, poignant et terrifiant : la balance peut pencher d'un côté ou de l'autre. Si le travail du vin par l'homme est bien fait, Ausone accédera à une sorte de vie éternelle dans la bouteille. S'il est bâclé, il sera damné et voué à l'enfer des vins ayant déçu les amateurs.

Purgare. Purifier, nettoyer, en latin. Le purgatoire n'est au fond ni un lieu, ni un temps, mais un état de purification intense. A Ausone, c'est le sens caché de ce rituel vin. Et c'est pour l'homme, qui le réalise, une occasion de tendre vers la perfection.

Une splendeur baroque retrouvée

L'histoire d'Ausone ressemble à s'y méprendre à celle de la musique baroque. Admiré par ses contemporains, puis tombé dans l'oubli pendant de très nombreuses années, Ausone n'est revenu vraiment sur la scène des plus grands vins de Bordeaux que depuis une dizaine d'années.

Alors que la généalogie des propriétaires successifs des plus grands Médocs est parfaitement maîtrisée, les origines d'Ausone sont encore obscures aujourd'hui. Confié à de brillants historiens, spécialistes du Moyen Age et de la symbolique des constructions sacrées, un long travail de reconstitution du passé vient tout juste de commencer. On sait déjà que la vigne prospère à Saint-Emilion depuis l'époque des Romains.

Mais dans l'état actuel des connaissances, ce serait un des anciens titulaires du domaine, Jacques de Lescure, un humaniste gravitant dans le cercle des lettrés bordelais auquel appartenait Michel de Montaigne, qui aurait donné ou re-donné à ce lieu le nom d'Ausone, en hommage à ce grand poète antique.

Dès 1286, les premières traces du site actuel d'Ausone apparaissent dans les documents d'un certain Hélias de Lescortz (Elie de Lescours) sous la forme d'une maison forte. Cet ancien château subsistera jusqu'à la fin du XVIe siècle, avant d'être détruit par l'exploitation intensive des carrières de pierres à cet endroit. Les racines d'Ausone sont donc aussi anciennes que celle d'Yquem. Depuis 1592, on est certain que les vignes ont poussé sans discontinuité sur le coteau d'Ausone et que leur qualité était suffisamment élevée pour que le loyer des terres soit significativement supérieur à celles d'autres Saint-Emilion.

La propriété a été constituée par deux familles alliées de tonneliers et de marchands, les Chatonnet et les Cantenant, lesquelles firent édifier à Ausone au milieu du XVIIIe siècle une maison de maître appelée « la maison des pierrières. »

Mais comparativement aux plus grands vins de la rive gauche de la Gironde, Ausone reste dans l'obscurité. Sa notoriété est surtout locale. Le vin n'est admiré que par de rares initiés. Mais à partir du XIXe siècle, Ausone commence son long cheminement vers la lumière. Au début du siècle, Ausone est onzième au classement des vins de Saint-Emilion. A la fin du XIXe siècle, il est deuxième, puis il prend la première place.

Il est indéniable que l'entre-deux-guerres a été une période difficile pour Ausone. Pourtant, reconnaissance du potentiel exceptionnel du lieu, Ausone prend en 1955, aux côtés de Cheval Blanc, le titre de Premier Grand Cru Classé A lors du classement officiel des vins de Saint-Emilion.

Presque tout le XXe siècle est hélas une période de tension pour Ausone. Avec le temps, le château est devenu la propriété de deux branches d'une même famille, qui sont en conflit.

Au milieu des années 1990, la paix revient à Ausone, Alain Vauthier acquérant avec sa famille la propriété complète du château. Commence pour Ausone une vraie renaissance. Millésime après millésime, le vin se surpasse en qualité. Les trésors d'architecture du lieu, oubliés pendant des années, sont patiemment restaurés. Alain Vauthier semble vouloir achever en quelques années ce que la période de conflit l'a empêché de faire librement pendant trop longtemps. Ausone se révèle aux grands amateurs de vin du monde entier.

Aujourd'hui, Ausone est un vin extrêmement rare et difficile à acquérir. Seules 15 à 20 000 bouteilles sont produites chaque année, deux fois moins que Petrus, dix fois moins que Lafite. Restant toujours à l'écart de l'agitation du monde comme les ermites des temps anciens, Ausone attire néanmoins de plus en plus les amateurs de grands vins, qui vouent un culte sans limites à la pureté et à la complexité de ses parfums.

Le Graal noir

Hermétique. Complexe à appréhender, subtil à décrypter, Ausone vous invite à tourner votre regard vers l'intérieur. Sans cette posture intérieure de l'esprit, jamais Ausone ne livre ses secrets. L'homme superficiel, pressé, inattentif, ne peut saisir la richesse de ce vin. Ausone ne se donne pas, ne s'offre pas. Mais se révèle, et seulement à ceux qui savent le chercher.

« Prenez et buvez, ceci est mon sang. » Comme Yquem, Ausone est l'outil parfait de l'eucharistie. Mais dans un style complètement opposé. L'un est la lumière du soleil, l'autre l'obscurité de la nuit. L'un se sert de la joie et de la jouissance, l'autre des tréfonds de la tristesse et de la purification. Ce sont les deux faces d'une même démarche mystique.

S'il devait y avoir un symbole sur chaque bouteille d'Ausone, ce devrait être une coupe, noire. Le Graal, mais en version sombre et ténébreuse.

« Vu d'en bas, on jurerait être aux pieds d'un château cathare. »

« Ici, tout n'est que silence, poussière de pierres, et même présence entêtante de la mort, que dans les vanités du XVIIe siècle. »

Page 26, paysage autour d'Ausone : « Dans le cadre photographique forcément contraignant, mettre du mouvement. »

« Les peintures du Jugement dernier et de la résurrection des morts qui ornent encore ses murs inspirent les vignes d'Ausone à donner le meilleur d'elles-mêmes. »

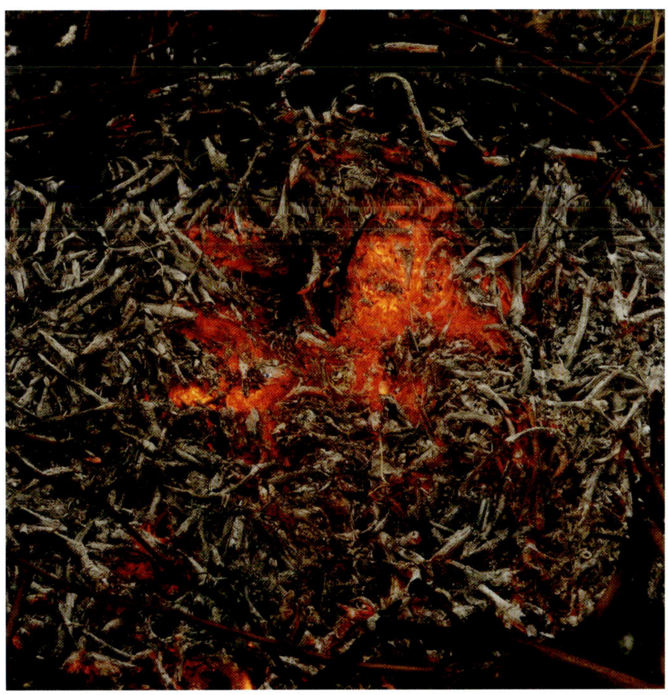

Page 31, sarcophages mérovingiens dans la chapelle d'Ausone : « Proposition de Vanité. »
Page 32, peintures du Jugement dernier sur les parois d'une grotte, sous la chapelle d'Ausone : « Dire l'émotion des premiers chrétiens. »

« Tous les gestes à Ausone sont guidés par une même quête : pouvoir restituer dans le vin la pureté primordiale des arômes. »

Page 36, grappe de raisins : « Proposition spontanée de nature morte, de l'esthétique des grappes. »

« De la nuit obscure du verre, s'envolent alors des notes de parfums, d'une pureté lumineuse. »

Page 38 et 39, traces de sulfate de cuivre sur la roche, et rose : « Tout commence par une tâche de couleur bleue dans le paysage, naturellement impossible ici. »

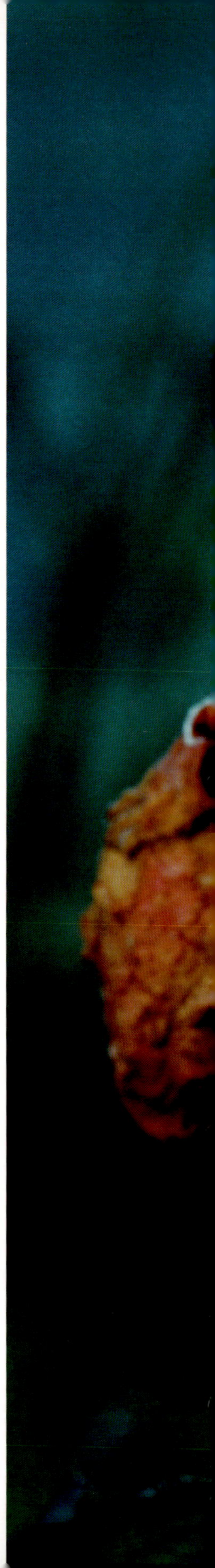

« Au moment des vendanges, les corps des raisins sont précieusement recueillis et transportés dans les anciennes catacombes qui servent de chais. »

« S'il devait y avoir un symbole sur chaque bouteille d'Ausone, ce devrait être une coupe, noire. Le Graal, mais en version sombre et ténébreuse. »

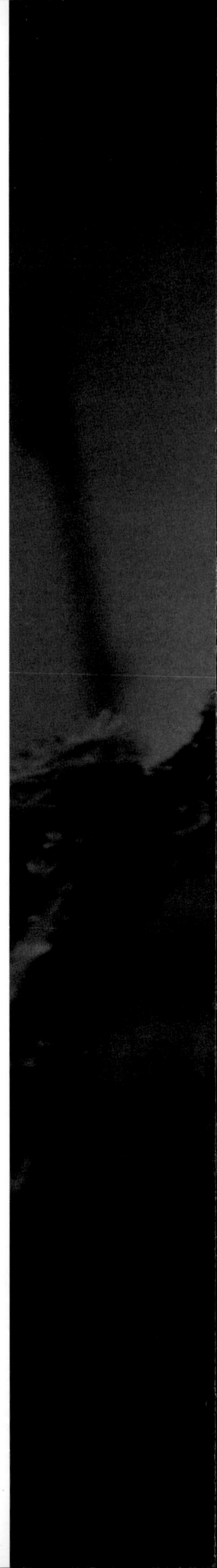

Page 43, grappe de raisins givrée : « Dans le givre, la grappe reprend forme. »

Cheval Blanc

Premier Grand Cru Classé A, Saint-Emilion

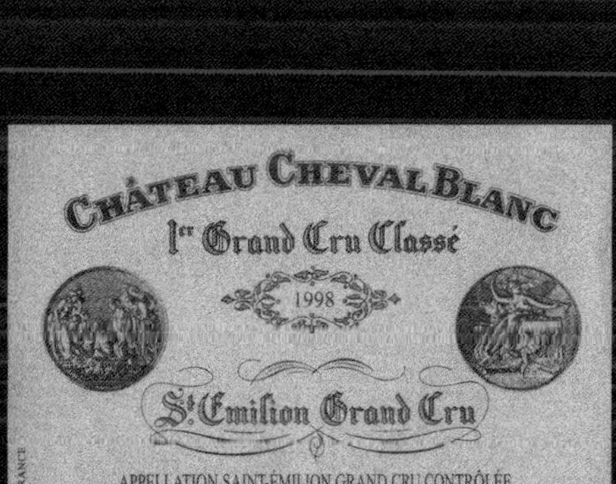

Le Poète des Rêves

Cheval Blanc

Avec Cheval Blanc, le vin prend le goût de la poésie, la couleur de la musique, le mouvement de la danse et du rêve.

Un rêve d'Orient

La dégustation n'est pas linéaire, classique, académique. Le vin procède par touches impressionnistes, en une succession ininterrompue de sensations et d'émotions, qui rappellent les tableaux de Monet ou les pièces pour piano de Debussy.

Cheval Blanc se distingue par sa couleur, ses parfums et sa matière qui font de lui le plus exotique, le plus singulier et le plus contrasté des Bordeaux. Une invitation à l'Orient, où se côtoient opulence et délicatesse, raffinement et sauvagerie.

Dans le verre, Cheval Blanc brille d'un éclat barbare de flammes et de rubis. Rouge foncé, presque noir, intense. La densité du vin évoque les murailles d'une grande cité du désert, protégeant jalousement ses richesses.

Sauvage et racé, Cheval Blanc est un pur-sang arabe faisant irruption dans un souk. Il réveille un bouquet généreux où se mêlent épices, cassis, cèdre, chocolat et café. L'Afrique lui appartient. Son parfum s'enrichit de minute en minute. Il bondit hors du verre, comme une troupe de danseuses entraînant dans leur sillage des arômes de menthe, de noix de coco et de banane.

En bouche, ce vin possède la qualité de texture des plus beaux cachemires de Mongolie, la même sensation de caresse, de douceur et de volupté. « Sphérique, avec rien qui n'accroche le palais », confirme Pierre Lurton, qui dirige le château. Il offre à l'amateur une richesse opulente, une sensualité extravertie : le souffle du sirocco.

Sa persistance est interminable. Les émotions ne vous quittent pas. Expressif comme les poèmes des *Fleurs du mal*, chaque verre de Cheval Blanc vous ouvrent les portes de l'imaginaire et sonne comme une invitation au voyage, à un rêve éveillé.

On peut toujours y entendre les mélodies orientales du *Boléro* de Ravel, des contes récités par Shéhérazade, ou partir dans des contrées barbares avec Salammbô.

Atypique et totalement libre

Une palette aux possibilités infinies. A Cheval

Blanc, trois cépages et deux sols se répondent comme les parfums, les couleurs et les sons dans les correspondances de Baudelaire : « Comme de longs échos qui de loin se répondent / Dans une ténébreuse et profonde unité / Vaste comme la nuit et comme la clarté. »

On crée le vin ici comme les poètes maudits du XIXe siècle assemblaient les sonorités et les images les plus étranges, pour produire des sensations extrêmes et inconnues jusque-là.

La diversité des sols – trace d'alluvions de l'Isle, la rivière toute proche – est le premier secret du style si riche de Cheval Blanc. Cette mosaïque unique de trente-sept hectares assemble les trois types de sols qui font les plus grands Bordeaux : cailloux, argile et sable.

D'abord, les « graves de feu », comme dans les plus grands Médoc. Une longue traînée de sols pauvres de cailloux, venus du Massif central, reposant sur une dizaine de mètres de profondeur, gage de complexité et de structure. Puis, des sols riches en argile, comme à Petrus, qui transmettent à Cheval Blanc son velouté inimitable. Enfin, des sols de sable riches en « crasse de fer », qui donnent au vin sa richesse, son intensité et son onctuosité.

Autre secret : la proportion unique de Cabernet franc dans ses vignes (60 %) qui par miracle est resté ici après le phylloxera. Cette prépondérance est complètement atypique à Bordeaux. Sur les terres de cailloux de Cheval Blanc, le Cabernet franc se sublime. Il y puise finesse et intensité. Les parfums fascinants de Cheval Blanc viennent de ce cépage très complexe, aromatique et toujours plein de fraîcheur. Le reste de la mosaïque de vignes est recouvert de Merlot (40 %), cépage aux qualités complémentaires du Cabernet franc. Sur le sol d'argile, le Merlot s'épanouit et peut livrer les qualités prisées d'un grand Pomerol : velouté, fruit, prégnance d'épices.

Troisième secret, à Cheval Blanc, comme dans la poésie, c'est le vers libre qui a remplacé l'ancienne métrique et la rime classique : grâce à sa palette de cépages et de sols, Cheval Blanc interprète chaque millésime selon ses désirs. C'est un jeu fluide de composition musicale avec la nature. Lorsque le temps a privilégié la maturité des Cabernet franc, la création du millésime s'organise autour de leur richesse aromatique. Mais d'autres années, la composition est dominée par le fruit du Merlot.

A l'image de Rimbaud, Cheval Blanc est d'une précocité incroyable dans le plaisir, toujours délicieux à déguster avant même sa mise en bouteille. C'est l'un des Bordeaux Primeurs les plus agréables à déguster.

Mais sa longévité est aussi exceptionnelle. L'erreur de jugement sur l'apogée du vin est facile, les parfums des 100 000 flacons produits chaque année ne cessent de s'affiner avec le temps. Grâce à la diversité de ses sols et de ses cépages, Cheval Blanc se permet aussi d'être d'une grande régularité de qualité. Inclassable, ce vin ne fait rien comme les autres.

« Il se rapproche d'un Pomerol, sans ressembler tout à fait à un Saint-Emilion », annonce Pierre Lurton. Atypique, instinctif et libre, Cheval Blanc évolue en marge des autres grands vins, comme une énigme poétique.

La vraie vie est ailleurs

« Vous allez, ici même, tracer un parc anglais au milieu duquel je veux un château Renaissance, en face d'un pavillon gothique entouré d'eau... Il y a des sources, vous m'en ferez des cascades. » C'est par ces mots qu'Alexandre Dumas donna ses directives à son architecte pour la construction du château de Monte-Cristo, à Port-Marly, près de Paris. Des clochetons, des tourelles, un salon mauresque avec des arabesques de stuc... Pour être en harmonie avec le style exotique de Cheval Blanc, c'est ce château que l'on s'attendrait à trouver ici.

Et bien non. Il n'y a, à Cheval Blanc, presque rien à voir. Aucun dessein architectural, aucune volonté de faire du lieu le symbole du vin. Le contraste entre la simplicité du lieu et l'exotisme du vin est saisissant. On jurerait presque que ce vin n'a pas été fait là.

Cheval Blanc est situé à l'extrémité de la plaine de Saint-Emilion, à trois cents mètres de Petrus et à des kilomètres du village de Saint-Emilion.

Point de pierres millénaires comme à Ausone. Ici, le paysage est un plat mélange de vignes à perte de vue, de chemins de terre endormis et de paisibles maisons.

Le château est une simple maison bourgeoise de vacances. La vie s'y déroule comme un long fleuve tranquille.

Seules indications du goût de ce vin pour le voyage ? La majestueuse allée de cèdres doublement centenaires qui vous amène au château. Et une touche marine ensuite. La décoration du bureau du maître des lieux est celle d'un amoureux des vieux gréements, avec de magnifiques boiseries et des reproductions de vieux voiliers. La terrasse a d'ailleurs des allures de ponton.

Qu'un lieu si paisible donne naissance à un vin si exotique confirme l'illumination de Rimbaud : la vraie vie est ailleurs. Dans le rêve, dans le voyage imaginaire où Cheval Blanc vous emporte à chaque gorgée.

L'infini dans sa tête

« Emma Bovary, c'est moi », s'exclamait Flaubert. Tranquillité et respectabilité d'une vie bourgeoise d'un côté, désir d'aventures et de vie romanesque de l'autre. En cette deuxième moitié du XIXe siècle où ils ont constitué Cheval Blanc, ses créateurs semblent exprimer toute la dualité de la société bourgeoise, toutes les tensions intérieures de l'héroïne de Flaubert.

Contrairement aux grands du Médoc aux racines nobles, Cheval Blanc est né du rêve d'une famille de la petite bourgeoisie de devenir propriétaire d'un château.

Le président Ducasse a créé le château en 1852, son gendre, Jean Fourcaud-Laussac, va le développer. Il a l'heureuse idée d'adopter à Cheval Blanc la culture et la taille de la vigne telles qu'on les pratique dans le Médoc. La famille nombreuse et unie y passe ses vacances, la vie y est tranquille : le château restera dans la même famille jusqu'en 1998.

Pourtant, au sein de cette vie paisible, transparaît déjà un désir de créer, de s'évader. Sans imagination et ambition, il aurait été impossible d'assembler ces terres à partir d'une ancienne métairie de Figeac, de 7,5 hectares, nommée le « Barrail des Cailloux ».

L'énergie et la prise rapide de décision étaient aussi nécessaires pour acquérir et assembler les différents sols qui constituent aujourd'hui la richesse de Cheval Blanc. Surtout qu'à l'époque, les terres de cailloux étaient plutôt mal vues de ce côté de la Garonne et de la Dordogne : en 1868, les châteaux disposant de ce type de sol n'étaient même pas considérés comme des Saint-Emilion à part entière.

Et pourtant, en 1955, lors du premier classement de Saint-Emilion, Cheval Blanc est classé, avec Ausone, Premier Grand Cru Classé A. La raison ? Depuis sa création, Cheval Blanc se distingue nettement de tous les autres Saint-Emilion par sa grande qualité, sa constance et son originalité.

Depuis 1998, ce sont deux amis de longue date et capitaines d'industries, Bernard Arnault et le baron Albert Frère, qui possèdent Cheval Blanc. Bernard Arnault retrouve à Cheval Blanc un univers qui lui est familier au sein de LVMH (Moët Hennessy-Louis Vuitton) : celui du voyage, du rêve et de l'imaginaire. Avec Pierre Lurton, tous trois n'ont de cesse de poursuivre et de pousser le rêve romanesque qui a donné naissance à ce vin.

Dès le départ, les propriétaires semblent projeter et matérialiser dans Cheval Blanc leur désir de s'évader, leur besoin d'ailleurs, leur part romanesque. Ce vin exotique s'oppose au corset de la société bourgeoise du milieu du XIXe siècle qui enferme l'individu dans la bienséance et la respectabilité.

Cheval Blanc illustre à chaque verre que l'on peut paraître extérieurement en conformité avec les règles pesantes de la société et avoir l'infini dans sa tête.

Le voyage de l'imaginaire

Cheval Blanc a créé un langage d'expression inédit à Bordeaux, un vocabulaire neuf, régi par l'instinct et l'imagination. Verlaine l'a décrit : « De l'âme à l'âme, résumant tout, parfums, sons, couleurs, de la pensée accrochant la pensée et tirant. »

Une seule exigence, celle de la liberté totale. Pour ceux qui créent le vin et pour ceux qui le dégustent.

A chaque gorgée, Cheval Blanc vous emmène dans un voyage de l'imaginaire, vers des espaces libres et sans règles.

« Expressif comme les poèmes des *Fleurs du mal*, chaque verre de Cheval Blanc vous ouvrent les portes de l'imaginaire et sonne comme une invitation au voyage, à un rêve éveillé. »

« Avec Cheval Blanc, le vin prend le goût de la poésie, la couleur de la musique, le mouvement de la danse et du rêve. »

Pages 52 et 53, allée de cèdres : « L'omniprésence de l'allée dans l'univers de Cheval Blanc. »
Pages 56 et 57, ceps de Cabernet franc : « Pour souligner une grande singularité. »

« A Cheval Blanc, trois cépages et deux sols se répondent comme les parfums, les couleurs et les sons dans les *Correspondances* de Baudelaire. »

Page 60, effeuillage. « L'ambition photographique de faire d'une branche une icône. »
Page 61, travail de la terre. « Une sorte d'extrême paysager. »

« A chaque gorgée, Cheval Blanc vous emmène dans un voyage de l'imaginaire, vers des espaces libres et sans règles. »

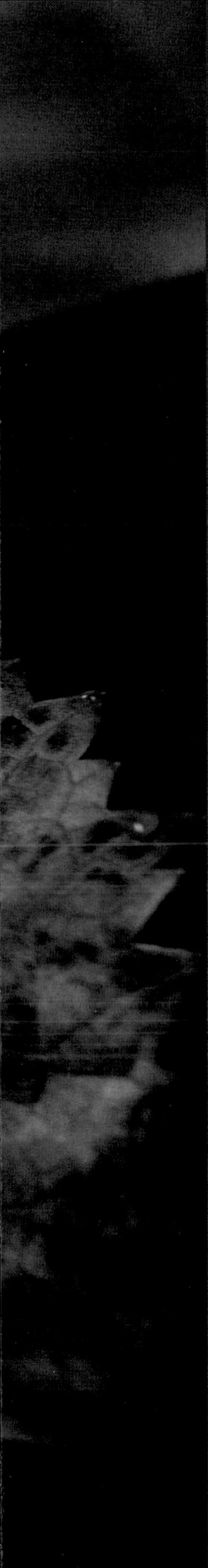

Haut-Brion

Premier Grand Cru Classé, Pessac-Léognan

L'Esprit des Lumières

Haut-Brion

En ouvrant une bouteille de Haut-Brion, vous entrez immédiatement dans le cabinet de travail d'un esprit brillant et cultivé.

Le cabinet de travail d'un esprit brillant et cultivé

« Complexe. Subtil. » Le prince Robert de Luxembourg l'assume dans un léger sourire. Rien n'est plus odieux pour Haut-Brion que ces concours de dégustation où le plus démonstratif l'emporte souvent.

Tout commence par un fin parfum de thé noir de Chine – du Lapsang Souchong précisément –, et du plus grand. Les cailloux et le sable aride des deux buttes de graves de Haut-Brion lui donnent en effet un parfum de fumé, de pierre à fusil, de terre chaude et fumante après la pluie. Vous êtes ensuite caressé par des arômes subtils de tabac de Virginie. Framboise, cassis : le vin vous offre aussi une coupe de fruits rouges, éclatants de fraîcheur.

Souvenir de chasse, dans un verre de Haut-Brion flotte toujours ce rappel à la terre, une odeur discrète de sous-bois, de truffe, de tourbe et de bruyère. Dans les plus grands millésimes, vous reconnaissez enfin le cuir de vieux manuscrits et le bois précieux de beaux meubles.

Dans le verre, ce vin a la couleur d'un rubis éclatant de mille nuances. Jamais la plus foncée ou la plus concentrée, car avec l'âge Haut Brion prend la couleur rouge brique des plus beaux Bourgognes.

Douceur, harmonie, élégance. Un verre de Haut-Brion vous parle toujours par allusions. Sans effet et sans forcer le trait. Presque l'air de rien. Policé, il suggère, propose. Jamais il ne s'impose à vous. « *Restrained Power* », disent les Anglais. Le vin installe dans votre bouche son velours sans peser. La richesse et la puissance de ses parfums restent maîtrisées.

Comme un esprit cultivé jouant avec facilité de ses connaissances encyclopédiques, Haut-Brion est un vin sans cesse changeant, qui jamais ne se présente à vous avec la même facette. C'est le reflet de la complexité de son sol et de ses cépages (44 % de Cabernet sauvignon, 42 % de Merlot et 14 % de Cabernet franc).

Avec les arômes de fumé, l'élégance en bouche et la couleur rubis, son autre secret réside dans sa très grande persistance aromatique. Au palais, les saveurs demeurent, interminables.

Haut-Brion est un vin d'esprit, de culture et d'intelligence. Il s'adresse à ceux qui ont beaucoup lu, réfléchi et voyagé. Montesquieu, Lafayette, Washington, Jefferson... Un verre de Haut-Brion garde toujours en mémoire les discours et la pensée lumineuse des brillants esprits qui l'ont dégusté et apprécié. Si l'on est distrait, inattentif, on ne peut saisir la finesse de ses parfums, la subtilité de son goût, ni la complexité de son langage.

Humaniste depuis six siècles

Liberté, tolérance, indépendance, ouverture d'esprit et curiosité sur le monde. Toutes ces notions et ces idéaux sont indissociables de la théorie humaniste classique, mais aussi de l'histoire d'Haut-Brion.

Haut-Brion est né, il y a presque six siècles, avec la Renaissance (L'historien du château a retrouvé des traces de parcelles cultivées en 1423, au temps de Charles VII.). Son ancêtre Jean de Pontac, qui crée le château en 1533, côtoie Montaigne et La Boétie au parlement de Bordeaux. Déjà, Haut-Brion s'entoure des plus brillants esprits de l'Europe et s'imprègne de l'idée que l'homme a sa place au centre du monde, et que la raison et la science doivent triompher de l'obscurité et des préjugés. En 1660, Haut-Brion est présent sur le livre de cave de Charles II, cousin de Louis XIV et roi d'Angleterre (plus de 150 bouteilles de Haut-Brion sont bues cette année-là). Revenu de France après la fin de la république de Cromwell, Charles II fête son retour à Londres en servant du Haut-Brion à sa cour.

Déjà, ce vin né diplomate et cosmopolite brille sur les tables des têtes couronnées du monde européen.

Avec l'essor des idéaux des Lumières commence l'heure de gloire de Haut-Brion. La connaissance s'affranchit des autorités anciennes et devient une recherche de vérité, conduite par la raison et appuyée par l'observation. Entre le milieu du XVIIe siècle et le milieu du XIXe siècle, la pensée libérale se construit, et Haut-Brion se met à rayonner dans tout le monde civilisé.

D'abord en Angleterre. Au XVIIe siècle, Arnaud de Pontac, président du parlement de Bordeaux comme son père, devient grâce à son vin l'une des premières fortunes de France. Il lance à Londres, en 1666 et pour plus d'un siècle, la taverne *Pontac's Head*, avec des clients qui s'appellent Daniel Defoë, Jonathan Swift et John Locke.

En France. Montesquieu, Voltaire, Lafayette... Les plus brillants esprits du siècle des Lumières sont de fervents amateurs de Haut-Brion.

Enfin, aux Etats-Unis. Thomas Jefferson (1743-1826), ambassadeur des Etats-Unis à la cour de Louis XVI, est lui aussi un grand amateur de Haut-Brion. Il fait découvrir à Georges Washington, le premier président des Etats-Unis, l'élégance et la retenue éclairées de ce vin qui incarne si bien les valeurs qu'ils défendent lors de la guerre d'Indépendance de leur pays.

Pendant la Révolution française et les années d'intenses troubles politiques qui s'en suivent, dans ce climat de sang, de violence et de lutte si contraire à ses idéaux, Haut-Brion ne peut donner le meilleur de lui-même. D'ailleurs, le hasard des ventes successives du château le fait arriver pour quelques années dans le giron de Talleyrand – diplomate exceptionnellement doué pour survivre à ses maîtres – qui incarne si parfaitement les incertitudes de cette époque.

Au début du XXe siècle, au moment de la Grande Dépression, Haut-Brion est acquis par Clarence Dillon, l'un des plus grands banquiers de Wall Street, francophile qui vit à Paris une partie de l'année et apprécie tout particulièrement le vin de Haut-Brion. Mis à l'abri des péripéties du monde moderne par l'assise financière de cette grande famille de la côte Est des Etats-Unis, alliée aux talents d'une dynastie de régisseurs remarquables – les Delmas, dont le troisième représentant dirige le château – Haut-Brion donne le meilleur de lui-même tout au long du XXe siècle.

Le fils de Clarence Dillon, Douglas, ambassadeur des Etats-Unis à Paris sous Eisenhower, puis Secrétaire d'Etat au Trésor à l'époque Kennedy, continue de faire approvisionner en Haut-Brion les caves de l'Elysée et de la Maison Blanche. Sa fille Joan, aujourd'hui à la tête de Domaine Clarence Dillon SA, a épousé un Français, le duc de Mouchy, après le décès du prince Charles de Luxembourg avec lequel elle s'était unie en 1967. Avec Jean Delmas, puis Jean-Philippe, fils de ce dernier, elle fait rayonner Haut-Brion dans le monde entier.

L'héritier de cette dynastie cosmopolite est le prince Robert de Luxembourg, scénariste ayant travaillé à Hollywood. Le sang bleu de ce représentant de la quatrième génération de Dillon coule à merveille dans Haut-Brion.

Fruit de cette proximité particulière pendant six siècles avec les plus grands esprits de son temps, les archives de Haut-Brion comprennent l'une des plus grandes collections de lettres de remerciements au monde où se mêlent les saluts amicaux et les hommages des plus grandes figures du monde aristocratique, de la politique, des affaires, des arts, et de la littérature.

Car à Paris, Londres, Amsterdam, Boston, Washington DC, New York, et plus loin encore, Haut-Brion a toujours été le vin préféré d'une certaine élite de l'éducation et de l'esprit. Une élite éclairée, cosmopolite, libérale et universaliste.

La croyance dans le progrès et dans l'homme

Inventeur, précurseur, universaliste, progressiste, rationnel et encyclopédiste, Haut-Brion est tout cela à la fois.

Inventeur. Haut-Brion est le père du grand vin de Bordeaux, de la notion de « château », cette distinction française qui a conquis le monde.

Dès 1533, la famille Pontac a eu, la première, l'intuition de faire un grand vin sur des croupes de cailloux impropres à l'agriculture, et de l'exploiter en direct, sous le nom de son terroir, Haut-Brion, à partir du milieu du XVIIe siècle. Haut-Brion fut, à ce titre, l'une des toutes premières marques de luxe au monde. Le château est donc constitué dès la Renaissance, époque à laquelle la plupart des grands châteaux du Médoc ne sont encore que des promesses, dans un pays « solitaire et sauvage » selon la description de La Boétie.

Précurseur. Haut-Brion lance le mouvement de « conquête » des Graves et du Médoc par la noblesse parlementaire, et le développement de la ville même de Bordeaux qui passera en quelques décennies de ville de province à capitale mondiale du vin. Avant Haut-Brion, Bordeaux est certes un important centre viticole, mais on y produit des vins légers et bon marché, sans possibilité de bien déterminer le lieu de production du vin. Identification par une marque, soutirage, filtrage, collage, stabilisation du vin, capacité à vieillir et à s'affiner avec le temps. Tout ce qui fait le Bordeaux tel que nous le connaissons aujourd'hui a été inventé à Haut-Brion (le « *new french claret* », disaient les Anglais au XVIIe siècle). Bordeaux doit décidément tout à notre diplomate du vin.

Universaliste. Car premier vin systématiquement et prioritairement exporté, Haut-Brion marque à tout jamais le monde des grands Bordeaux (propriétaires, courtiers et négociants) : faire les plus grands vins est une ambition justifiée, le faire savoir au monde entier une nécessité impérieuse.

Progressiste. En esprit éclairé, Haut-Brion trace toujours la voie aux autres. Au XIXe siècle, le phylloxera (cet insecte qui tue à petit feu la vigne) ravage le vignoble de Bordeaux. Beaucoup de châteaux organisent alors des processions et font ériger des croix dans le vignoble pour endiguer le « mal » qui fait mourir les vignes. Haut-Brion, préfère, lui, adopter des porte-greffe américains résistant à cet insecte... Un siècle plus tard, en 1961, Haut-Brion est le premier à s'équiper de cuves en inox qui permettent de réguler facilement la température et de maîtriser ainsi les phases critiques de fermentation du vin.

Rationnel, empiriste, il est aussi le premier à sélectionner les meilleurs pieds de vigne par des méthodes de clonage, tout en respectant la tradition en gardant en son sein une tonnellerie.

Encyclopédiste et fidèle disciple de Diderot et d'Alembert, l'ancien potager de Haut-Brion a été remplacé, il y a plusieurs années, par une collection ampélographique : un conservatoire des différents cépages de vignes dans le monde.

« La raison est à l'égard du philosophe ce que la grâce est à l'égard du chrétien », écrivait Diderot. Organisation rationnelle, ordonnée et compréhensible du monde, croyance dans la raison éclairée de l'homme, confiance absolue dans le progrès scientifique et la technique, l'esprit des Lumières brille dans chaque verre de Haut-Brion.

Une peinture de la vie aristocratique du XVIIIe siècle

Fragonard, Watteau, Gainsborough. En passant les grilles de Haut-Brion, vous entrez dans un tableau de l'un de ces grands peintres de la vie aristocratique du XVIIIe siècle.

« Un monticule tourné vers l'ouest dans une région de sables blancs mélangés à un peu de graves qui laisserait penser que rien ne pourrait y pousser. » Décrit par John Locke au XVIIIe siècle, tel est au départ le désert de cailloux et de sables où a été créé Haut-Brion dans les faubourgs de Bordeaux.

L'urbanisation grandissante a rapproché la ville de château, jusqu'à l'encercler. Haut-Brion est aujourd'hui un jardin en ville, un îlot de verdure et de calme au milieu de l'agitation du monde moderne. Vous y retrouvez la beauté du parc Monceau à Paris, de Hyde Park à Londres ou de Central Park à New York.

Ce paysage est une peinture des sentiments signée de la duchesse de Mouchy.

Ici, rien n'est rectiligne, géométrique ou symétrique. Les jardins de Haut-Brion sont au contraire irréguliers, tortueux, inspirés par la nature. Anglais. De beaux gazons ornés çà et là de statues de lions en pierre. Un angelot oublié au bout d'une allée. De très belles fleurs. Une forêt. Des citronniers, des magnolias et d'excentriques palmiers et bananiers. Tout vous incite à la flânerie et à la rêverie. Au gré des saisons, Haut-Brion offre des sensations de couleurs complètement différentes. Le monde entier semble symboliquement présent dans ce jardin. La liberté est totale.

Cosy... Le château est lui un manoir, une élégante bâtisse à toits pentus des XVIe et XVIIe siècles. Pas un exercice de style d'un architecte du XIXe siècle comme beaucoup ailleurs dans le Médoc, mais un lieu réellement habité par l'esprit de ses propriétaires successifs. Premier château construit avec les revenus de la vigne, un air champêtre s'en dégage immédiatement et vous accueille avec simplicité. Personne ne serait surpris d'y entendre aboyer des chiens de chasse. Les salons privés sont habillés d'un mélange savant et détonant de chinoiseries, de meubles anglais, de vieux souvenirs de famille et de glorieuses traces du passé. Instinctivement, on sait qu'il y fait bon vivre, lire, déguster de grands vins, et converser de choses sérieuses ou frivoles.

C'est la marque de l'esprit Haut-Brion. Un équilibre subtil et délicat entre un monde savamment ordonné, construit, et certaines libertés de style. Un attachement à la terre, mais avec un goût certain pour les choses de l'esprit.

Une leçon d'éducation

Signe de la philosophie de vie qu'il incarne, Haut-Brion est délicieux tout le temps, à chaque instant de sa vie, son éducation lui interdisant d'être trop dur dans sa jeunesse.

Mais Haut-Brion n'est vraiment lui-même qu'à l'âge mûr, celui de la sagesse... A partir de vingt à vingt-cinq ans, il creuse la différence avec les autres grands Bordeaux. Par un incroyable jeu de mimétisme, une bouteille de Haut-Brion semble vieillir comme Voltaire, le sage de l'Europe, qui devenait de plus en plus fin et spirituel.

Pour pouvoir vraiment apprécier Haut-Brion, la fougue de la jeunesse doit s'apaiser, l'attention se développer, les sens et l'intellect s'affiner. L'amateur doit parfaire son éducation. L'esprit Haut-Brion peut alors le pénétrer.

« Haut-Brion est un vin d'esprit, de culture et d'intelligence. Il s'adresse à ceux qui ont beaucoup lu, réfléchi et voyagé. »

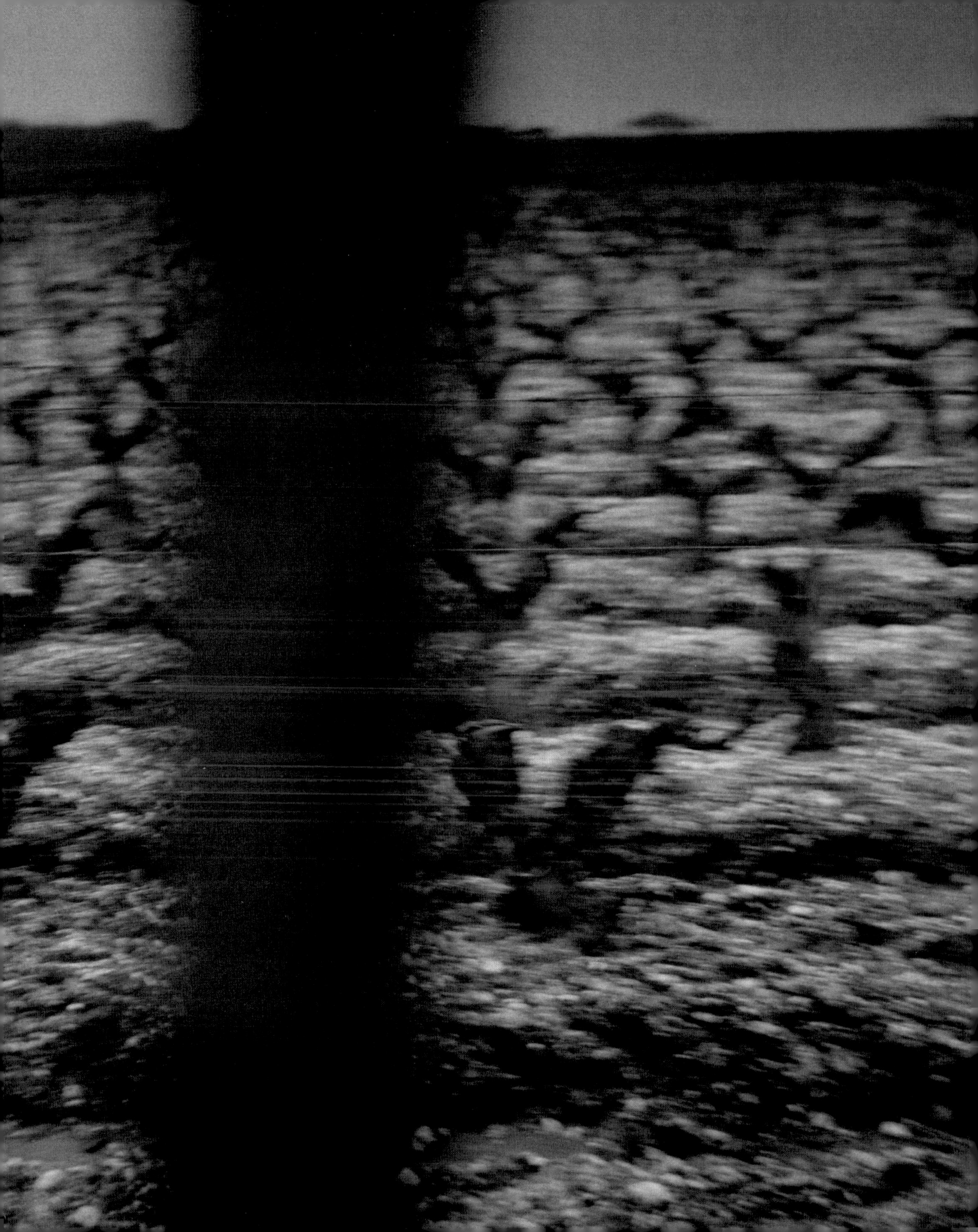

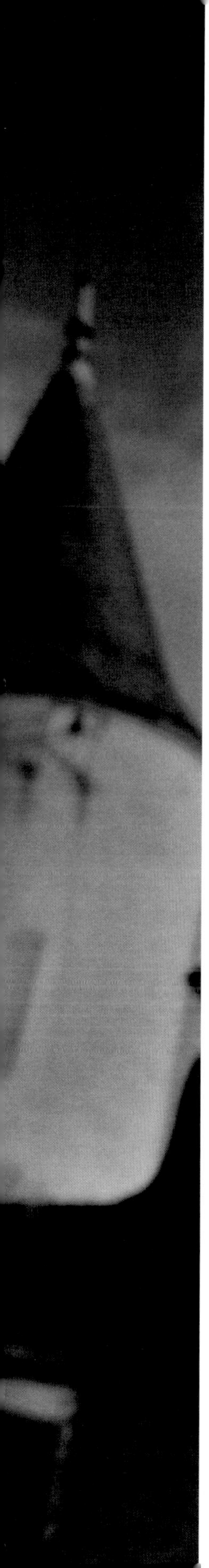

« Fragonard, Watteau, Gainsborough. En passant les grilles de Haut-Brion, vous entrez dans un tableau de l'un de ces grands peintres de la vie aristocratique du XVIIIe siècle. »

Pages 76 et 77, vignoble et grilles de Haut-Brion : « De l'extérieur restent deux rectitudes floues. »

« En ouvrant une bouteille de Haut-Brion, vous entrez immédiatement dans le cabinet de travail d'un esprit brillant et cultivé. »

Pages 80 à 83, salons privés : « Reflet d'une intimité livrée. »
Page 86 (en haut à gauche), grappe de raisins : « Renvoi à l'idée de l'organisation possible du paysage. »

« Dans un verre d'Haut-Brion flotte toujours ce rappel à la terre, une odeur discrète de sous-bois, de truffe, de tourbe et de bruyère. »

Page 87, grappe de raisins : « Dire l'offrande à travers un geste délicat. »
Page 88, vignoble : « Poser le problème du rapport entre le paysage et le rectiligne. »
Page 89, graves : « Idée de l'attente, du temps suspendu. »

« Haut Brion est le père du grand vin de Bordeaux, de la notion de " château " de Bordeaux, cette distinction française qui a conquis le monde. »

« Pour pouvoir vraiment apprécier Haut-Brion, la fougue de la jeunesse doit s'apaiser, l'attention se développer, les sens et l'intellect s'affiner. L'Amateur doit parfaire son éducation. L'esprit Haut-Brion peut alors le pénétrer. »

Page 93, soutirage : « Figer dans un moment rare la matière même du vin. »

Lafite

Premier Grand Cru Classé, Pauillac

La Quête de l'Absolu

Lafite

Lafite est au vin ce que le théâtre français du XVIIe siècle est à la scène : précision, concision, rigueur, justesse. Une finesse et une subtilité très intellectuelles. « J'entendrai des regards ; je verrai des soupirs » : le style de ce vin rappelle la perfection des grands vers de Racine.

Le classicisme à la française

Ni trop sombre, ni trop éclatant, Lafite distille toutes les nuances de couleurs des roses rouges, du noir violacé au rouge carmin virant à l'orangé dans sa vieillesse. Lafite rayonne d'intelligence et de culture. Il faut le déguster avec sa tête. Chaque note de parfum est ciselée avec la pureté et la précision des plus grands alexandrins de la langue française.

D'abord, la violette, qui s'élève lentement hors du verre. Suivent de délicats arômes de fruits rouges et noirs typiques du Cabernet sauvignon qui domine sa composition. Apparaissent ensuite le tabac de havanes et le bois des boîtes des plus grands d'entre eux.

Le silence se fait alors. Voici que s'avancent les deux arômes que Lafite est le seul à savoir restituer avec autant de finesse : le cèdre du Liban, et la mine de crayon. Paix, harmonie, sérénité, pureté, les symboles du cèdre ne pouvaient trouver plus bel écrin qu'un verre de Lafite. La mine de crayon, reflet de sa très grande finesse et de sa précision, est d'une élégance rare, et dessine en mémoire le trait d'un parfum masculin, racé et des plus recherchés.

Lafite possède une finesse d'arôme inouïe, mariage d'ampleur et de mesure, d'expressivité et de retenue. Du grand art classique. Son secret ? Son sol tout d'abord, recouvert de graves, ces grosses pierres qui poussent la vigne à chercher en profondeur sa nourriture ; et la nature complexe de son sous-sol, qui transmet aux raisins une amplitude et une finesse de parfums légendaire.

Lafite demande toujours du temps pour s'exprimer dans le verre. Il est tout sauf le plus spectaculaire, expressif, flamboyant ou charmeur des grands Bordeaux. Il refuse les effets faciles, le superflu. « Va, je ne te hais point. » Les émotions les plus intenses exprimées avec sobriété et concision, c'est la signature de Corneille ; et celle de Lafite.

Le symbole de la civilisation européenne

L'histoire de Lafite reflète fidèlement les trois derniers siècles de la civilisation européenne, qu'elle exprime avec l'unité et la droiture des grands drames classiques.

Acte I : La fortune des Ségur. Fondé au XVIIe siècle par la noblesse parlementaire de Bordeaux, Lafite devient la propriété des Ségur, première fortune de France sous Louis XV. S'ensuit une longue période de prospérité et de développement, interrompue brusquement et dans la violence : sous la Terreur, en 1794, le descendant des Ségur (Nicolas Pierre de Pichard) est guillotiné. La présence aristocrate s'achève brutalement, le château est mis en vente aux enchères.

Acte II : Le temps des régisseurs. La fin du XVIIIe siècle et le début du XIXe siècle sont difficiles pour Lafite comme pour tous les grands vins de Bordeaux. Première République, Consulat, Premier Empire, monarchie de Juillet, Second Empire, le pouvoir en France n'est-il pas changeant ? Des propriétaires multiples, variés, éphémères (Français, Hollandais...) se succèdent. Lafite n'est sauvé de la ruine et du dépeçage que par l'intelligence et l'énergie d'une dynastie de régisseurs remarquables, les Goudal.

Acte III : Le joyau des Rothschild. En 1868, Lafite est acquis par la branche française des Rothschild. Par ce geste symbolique, la haute bourgeoisie européenne démontre sa prise de pouvoir sur l'ancienne aristocratie. Déplacement du pouvoir de la terre vers l'industrie et la finance ; passage progressif d'un monde centré sur une nation à l'idée européenne ; développement des échanges et des idées ; brassage des élites entre les grandes capitales européennes : qui, plus que les Rothschild, banquiers de toutes les grandes puissances de l'Europe, avaient vocation à présider au destin de ce symbole du pouvoir et de la civilisation européenne ?

Au XVIIIe siècle, Lafite est le « vin du roi », celui de Louis XV et de la cour de Versailles, le vin de la grande noblesse d'arme et de robe. Au XXe siècle, il est le « vin des grands de ce monde ». Les monarques sont devenus hommes d'Etat, les aristocrates des grands bourgeois : capitaines d'industries, grands artistes, brillants intellectuels... Le temps peut passer, les évolutions politiques et socio-économiques se produire, les amateurs de Lafite restent toujours les puissants du monde.

Une partie d'échec avec la nature

Intelligence, analyse, rigueur, mémoire, et intuition : les hommes de Lafite se signalent par les qualités des plus brillants joueurs d'échecs.

A Lafite, on évolue en permanence sur un échiquier infini de possibilités. Une dizaine de sols et de sous-sols différents à maîtriser (une cartographie complète du sol et du sous-sol a été réalisée : plus de 500 prélèvements sur 100 hectares, avec des fosses de 3 à 6 mètres de profondeur). Quatre cépages – Cabernet sauvignon, Merlot, Cabernet franc et Petit verdot – à placer astucieusement sur le sol où chacun d'eux s'épanouira le mieux. Une combinaison de vignes de tout âge à suivre (certaines centenaires, d'autres de l'âge d'un enfant ou d'un adolescent). Et la nature, qui sait rendre plus complexe à chaque millésime le problème posé, en jouant avec le soleil, la pluie, le vent, la température.

Les vendanges marquent l'ouverture de la partie d'échec. « Esprit de géométrie, esprit de finesse. » Pour déterminer cette date fatidique, parcelle par parcelle, les hommes de Lafite sollicitent les deux intelligences décrites par Pascal. L'esprit de géométrie d'un côté : tableaux de bord scientifiques et rationnels où sont mesurées les teneurs en sucre, en alcool, en acide... Et l'esprit de finesse de l'autre : dégustation intuitive de grains de raisins, pour identifier le moment de parfaite maturité.

Très vite, suivent les vinifications. Jus, pulpe, peau et pépins des raisins. L'extraction des parfums doit être mesurée. Le jeu, pour obtenir l'équilibre recherché dans le vin, est extrêmement fin.

Une seconde partie d'échecs, encore plus difficile, se joue lors de l'assemblage du vin. Cépage par cépage, parcelle par parcelle, trente-quatre cuves sont goûtées, classées et hiérarchisées, trente-quatre pièces à assembler en une combinaison tenue secrète, après de multiples tentatives et propositions. Comment gagner ? « Nous cherchons le goût absolu de Lafite dans chacune de ces combinaisons possibles. Et nous ne nous arrêtons que lorsqu'il est là, dans le verre. » Le baron Eric de Rothschild et Charles Chevallier, directeur de la propriété, poussent jusqu'au bout l'analyse et la réflexion avant de décider ce qu'ils vont jouer chaque année. Les hommes ne font que passer. Lafite, lui, doit rester Lafite.

L'ultime partie se joue contre des chênes centenaires. A Lafite, millésime après millésime, le fruit d'une année de travail de la vigne fusionne dans les barriques avec les chênes doublement centenaires de la forêt de Tronçais, dans l'Allier, et des environs. C'est dans ce jeu subtil avec le bois que Lafite prend ses parfums de vanille, de réglisse et de clou de girofle. Pour gagner, le vin doit pouvoir s'imprégner de ces parfums sans jamais qu'ils le dominent. Chaque année, ce sont les fins parfums de soixante-dix chênes qui disparaissent dans un millésime de Lafite. Soixante-dix chênes de deux cents ans d'âge, soit quatorze mille ans cumulés de travail de la nature : Lafite se concentre aujourd'hui à mieux maîtriser ce nouvel infini de combinaisons possibles. Avec toujours une obsession : mieux exprimer la quintessence du lieu et gagner chaque année sa partie d'échec avec la nature.

Un parcours initiatique

Cinq. Symbole du centre, de l'harmonie et de l'équilibre ; de l'homme et de l'univers ; de l'ordre et de la perfection. Et cinq aussi, le nombre de flèches du blason des Rothschild, en référence au cinq frères fondateurs de la dynastie familiale des Rothschild, partis s'installer à Paris, Londres, Vienne, Naples et Francfort.

Le site de Lafite s'articule lui aussi autour du nombre cinq et propose au profane de s'initier à ce vin en passant par cinq lieux symboliques : 1) La montagne de graves couverte de vignes. 2) Le jardin à la française. 3) Le château Second Empire. 4) Le chai à barriques aux allures de loge circulaire d'une société secrète. Et, 5) Les caves qui ressemblent à des catacombes de bouteilles.

Première étape : La montagne de graves de Lafite. En gascon, « la *hite* » signifie la colline ; c'est la plus haute de tout le Médoc, la plus belle « croupe de graves » dans le langage de Bordeaux. Sur un peu plus de cent hectares, elle est recouverte de vignes quarantenaires, à perte de vue. Là, la loi de la pesanteur fait s'écouler l'eau de façon naturelle. La vigne étant en permanence au sec, elle peut souffrir dans la durée et donner le meilleur d'elle-même avec des raisins exceptionnellement concentrés. C'est ce sol béni des dieux qui a valu à Lafite d'être classé « "Premier" des Premiers » lors du classement de 1855.

Seconde étape : Le jardin à la française, si riche et pourtant si ordonné. La nature domestiquée devient le symbole d'un monde idéalisé par la main de l'homme. Les hommes de Lafite prennent le temps d'y collectionner les roses anciennes, de vénérer les arbres d'essence rares, en particulier les magnolias, qui font ici l'objet d'un véritable culte et dont la floraison dépasse en splendeur l'imagination. Au milieu, un immense bassin accueille les poissons les plus nobles (brochets, carpes, gardons, anguilles...). Précis, élégant, l'art topiaire y brille partout : dans les troènes taillés, dans les buis et dans la vigne, toujours impeccable.

Troisième étape : Le château Second Empire. Il symbolise l'apprentissage du plaisir de la dégustation. Les propriétaires y reçoivent leurs amis, en particulier dans leur très raffiné salon rouge. Le baron Eric de Rothschild aimant plus que tout, certes produire de grands vins, mais surtout les faire partager, les moments passés à Lafite sont légendaires. On y sert les plus vieux et les plus grands millésimes de Lafite du début du XXe siècle, et même du XIXe siècle.

Quatrième étape : Le chai. Extérieurement, c'est le lieu de vieillissement du vin. D'une grande efficacité pratique, il accueille les barriques de Lafite en provenance directe du cuvier attenant. Mais symboliquement, c'est beaucoup plus que cela. Une gigantesque salle circulaire. Des barriques disposées en cercles concentriques autour d'une rotonde, le tout éclairé par la faible lumière d'un puits central. Ce chai a des allures de loge d'une société secrète, en version circulaire. Les barriques semblent tenir un rituel dont le sens est réservé aux initiés : l'alchimie des arômes et de la matière qui s'opère dans chacune d'entre elles pour donner le vin de Lafite.

Une idée insensée que celle de Ricardo Boffil, l'architecte catalan qui a dessiné ce temple en 1988 à la demande expresse du maître des lieux. Mais une idée parfaite, géniale, esthétique, transcendante. Par ce geste, le baron Eric de Rothschild a marqué à jamais le lieu et le temps de son sceau de bâtisseur.

Dernière étape : Les caves de Lafite. Sombres, profondes, d'un silence sans âge. Un labyrinthe de cages de fer. Dans ces catacombes, des corps de bouteilles. Plus de deux cents millésimes de Lafite y reposent en paix, disparaissant presque totalement sous des voiles de poussière et des toiles d'araignée. Une sorte de cabinet de réflexion, où l'on médite sur la vie et la mort, et sur le sens caché des choses. Et qui semble dire : l'esprit de Lafite est caché, et n'apparaît qu'à celui qui cherche sous la terre, et en lui. « *Visita interiora terrae.* »

Le temps des pharaons

A Lafite, les hommes se sont donné pour mission de réaliser le plus grand vin, pas de le vendre. Le secret de Lafite est peut-être là, dans son détachement des contingences humaines et matérielles.

Les maîtres de Lafite créent leur vin comme les pharaons construisaient leurs pyramides. Sans souci ni de l'argent, ni du temps. En visant l'absolu, la perfection.

« Lafite est au vin ce que le théâtre français du XVIIe siècle est à la scène : précision, conscision, rigueur, justesse. »

« Son secret ? Son sol tout d'abord, recouvert de graves, ces grosses pierres qui poussent la vigne à chercher en profondeur sa nourriture. »

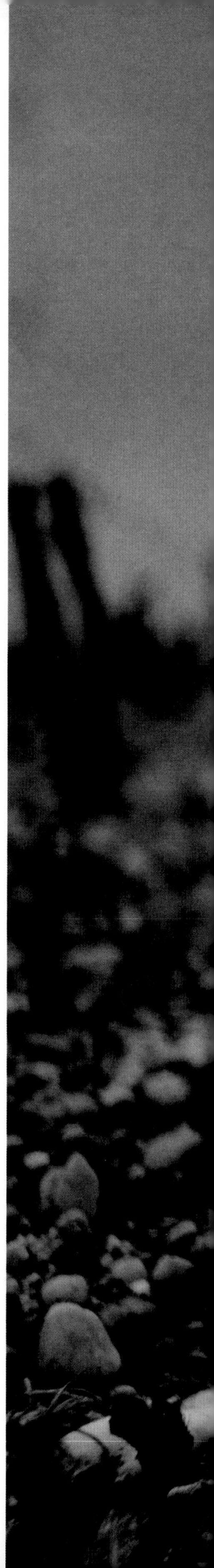

Pages 102 et 103, croupe de graves : « Dire ce paysage dans toute sa sobriété : absence d'effets. »
Pages 104 et 105, sol de Lafite : « Ce pose l'éternelle question de ce qui constitue la singularité d'un terroir. »

« Voici que s'avancent les deux arômes que Lafite est le seul à savoir restituer avec autant de finesse : le cèdre du Liban, et la mine de crayon. »

Page 106, jardin et vigne : « Image ultra construite, réponse directe au texte. »
Pages 108 et 109, saules pleureurs : « Rideau végétal, mise en scène délibérée. »

« La nature domestiquée devient le symbole d'un monde idéalisé par la main de l'homme. »

Pages 110 et 111, bassin et rose : « Amener une image plus complexe, plus ambiguë, dans un monde organisé à l'extrême. »

« Qui plus que les Rothschild, banquiers de toutes les grandes puissances de l'Europe, avaient vocation à présider au destin de ce symbole du pouvoir et de la civilisation européenne ? »

Pages 114 et 115, façade du château : « Balancement formel d'un arbre. »

« Les barriques semblent tenir un rituel dont le sens est réservé aux initiés. »

« L'esprit de Lafite est caché, et n'apparaît qu'à celui qui cherche sous la terre, et en lui. *Visita interiora terrae.* »

Page 121, bouteilles de Lafite dans le caveau : « L'image même du vieillissement. »

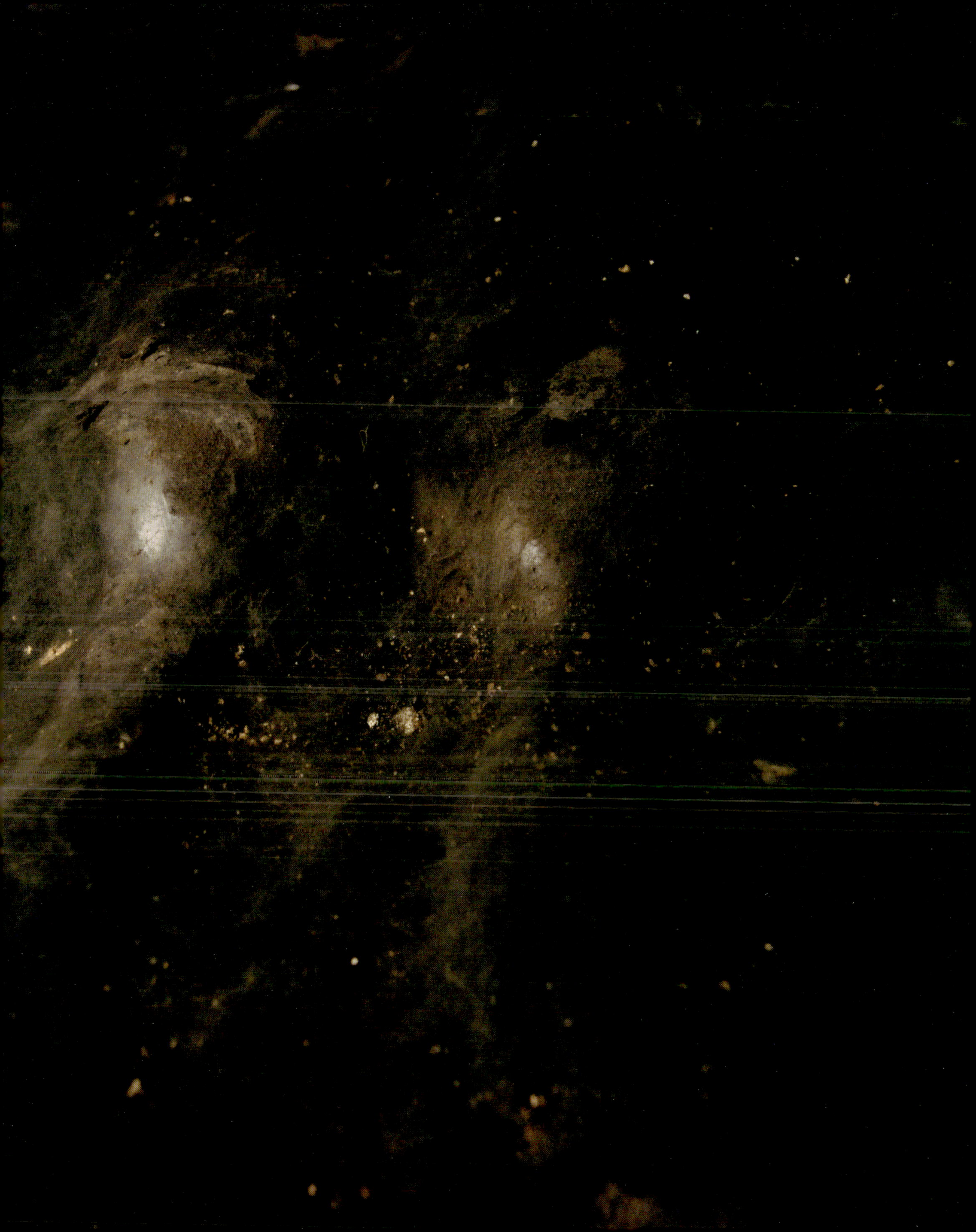

Latour

Premier Grand Cru Classé, Pauillac

Le Parfait Chevalier

Latour

« Baise ma croix et reconnais ma loi. » Déguster Latour est toujours une expérience de force et un émerveillement. Comme la rencontre de ces moines guerriers qui évangélisaient l'épée au poing. Un sentiment de puissance, de détermination et de sacré vous envahit. Presque de foi.

La Cathédrale des vins

Les habits d'un verre de Latour jouent avec le temps sur le noir, le pourpre et le rouge.

Ses arômes dégagent toute la puissance et la force d'un grand parfum masculin. Des fruits noirs, cassis et mûres, apportés par le Cabernet sauvignon qui domine sa constitution. Du cuir, du tabac, et du bois précieux rapportés de son long voyage en barriques de chêne royal pendant vingt-quatre mois. Et, souvenir de la fraîcheur de la Gironde toute proche, des notes vives de noix, de menthe et de réglisse.

S'il est un château qui exprime avec force et évidence ce que l'on entend par la « structure » d'un vin, c'est bien Latour. Le volume en bouche des sensations vous fait immanquablement entrer dans une des plus grandes cathédrales gothiques. Hauteur. Proportion. Profondeur. Tout est à sa place. L'espace du vin est immense. Chaque parfum, chaque sensation, semble dressé sur un pilier.

« Puissance, concentration, richesse. » Telle pourrait être la devise de Latour. Sa puissance vous reste en bouche pendant des minutes interminables, et en tête pour des années. Sa concentration est presque irréelle ; sa texture, fascinante. La matière est riche de tous les éléments essentiels. La démonstration de fruits infinie, comme les milliers de personnages peints et sculptés des grandes cathédrales. Ces qualités sont le fruit du travail titanesque que la vigne effectue pour développer ses racines en profondeur et chercher sa nourriture dans les couches riches d'argile du sous-sol.

Rectitude. Latour est un vin droit, carré, qui refuse les facilités de la séduction immédiate. Il appartient à la race des bâtisseurs, pas à celle des mondains ni des libertins. L'amateur de vins doit s'incliner devant Latour pour pouvoir l'apprécier.

Si « Notre-Dame de Paris est l'abrégé le plus satisfaisant de la science hermétique » pour Victor Hugo, alors, Latour est l'abrégé le plus abouti de la « tradition » de Bordeaux.

Page 124, grappe après vendange verte : « Quelque chose de l'ordre du sacrificiel. »

Vous restez frappé d'admiration, incapable de vous arracher à la magie du splendide, de l'immense, et du vertigineux de ce vin.

Une forteresse

A Latour, faire du vin est depuis toujours un combat sans pitié contre les trois ennemis ancestraux de la vigne : l'humidité, la canicule et le froid. Pour arracher chaque année la victoire, Latour bénéficie d'une forteresse naturelle unique à Bordeaux, imprenable.

Entourée de douves, notre place forte a tout d'abord les pieds dans l'eau, à trois cents mètres de la Gironde. Devant Latour, l'estuaire est large de six kilomètres, et traverse tout l'horizon. Cette immense masse d'eau protège de façon cruciale les vignes car elle empêche les grands froids hivernaux de sévir – ces grands froids fatals à la vigne sont aussi rares à Latour que la neige au bord de l'océan. La vigne y gagne naturellement deux avantages. Elle commence toujours très tôt, et avant les autres, son cycle végétatif annuel. La maturité des raisins, tant recherchée, y est donc naturellement plus précoce – les vendanges sont réalisées plus tôt que pour des vignes plantées là-bas, plus à l'intérieur des terres. Deuxième avantage, la protection contre le gel et la grêle. A chaque fois que ces calamités sévissent à Pauillac, Latour repousse leur assaut alors qu'elles sévissent sur les vignes voisines.

Ici, le ciel est immense. La lumière grise, blanche, métallique et changeante. Entre le fleuve et les vignes, il n'y a rien. Les vents qui arrivent du continent, de la Dordogne en particulier, peuvent s'engouffrer dans les alignements de vignes, assécher les peaux des raisins, concentrer les parfums et protéger la vigne des maladies qui la détruisent (mildiou...). La nature semble avoir délibérément bâti pour les vignes de multiples protections.

Au-dessus de la ligne des eaux, se dressent les murailles de Latour, sa colline de graves. Les vignes sont en effet dressées sur les plus grosses graves du Médoc, une traînée de cailloux apportée par la Garonne il y a un million d'années. Dans ces pierres se livre la bataille contre l'humidité qui tue la vigne ou la fait redevenir une liane immaîtrisable. La taille extrême de ces pierres favorise le ruissellement naturel de l'eau. Dominant d'une quinzaine de mètres les terres basses de palus et le fleuve, la pesanteur fait également s'écouler naturellement les eaux vers le sous-sol, évitant à la vigne une humidité nuisible à la concentration des parfums des raisins.

Autres vertus de cette sorte de machine à torture naturelle ? La pauvreté du sol de pierres oblige la vigne à plonger ses racines très profondément dans le sous-sol pour y chercher son eau et sa nourriture, protégeant la vigne de la tentation de trop se nourrir, et favorisant la complexité et la concentration des raisins. Ces grosses graves reflètent également la lumière du soleil le jour et la restituent sous forme de chaleur la nuit à la vigne. Empêchant de trop forts aléas climatiques de se produire, faisant mûrir le Cabernet sauvignon dans la durée et permettant la complexité de s'y développer.

L'ultime combat se joue à la fin de l'été, période cruciale pour la maturité des raisins ou en période de sécheresse. Les vignes luttent alors à la fois contre la pauvreté de la couche supérieure de pierres et contre l'assèchement des grappes. Magie du site, le sous-sol de Latour bénéficie d'une grande concentration en argile, qui joue ici le rôle de réserve naturelle en eau et en vivres pour la vigne. Indépendamment du temps extérieur, la vigne peut y puiser tout ce dont elle a besoin. Elle ne souffre donc jamais ni de la faim, ni de la soif. Les vignes de Latour n'ont, par exemple, pas particulièrement été touchées par la grande sécheresse de 2003. Bien au contraire, elles ont livré alors un raisin d'une maturité phénoménale.

La vraie forteresse de Latour n'est donc pas la tour de Saint-Maubert, cette lourde bâtisse du XIVe siècle, disparue pendant le guerre de Cent Ans et qui rayonne sur les caisses et les étiquettes de Latour. Mais ces armoiries, dignes d'un chevalier de haute lignée, sont la représentation symbolique de cette forteresse d'eau, de vent, de pierres et d'argiles qui protège la vigne des calamités de la nature, de tout ce qui peut l'empêcher de donner les plus grands raisins.

Le cœur de cette forteresse, l'« Enclos » de Latour – les quarante-sept hectares du haut de la colline – abrite un monde clos et protégé. Les caprices du temps n'y ont pas cours. « La température y est toujours un peu plus élevée ici qu'ailleurs », rappelle Frédéric Engerer. Quelques degrés de plus, chaque jour, pendant chaque année : c'est de là que Latour tire sa régularité, sa capacité à donner de très grands vins même dans des années difficiles, et sa grande stabilité.

Travail, rigueur, discipline

Tout l'art des hommes de Latour depuis quatre siècles consiste à sublimer la richesse naturelle du lieu par le travail, la rigueur et la discipline, et une sorte de dépouillement instinctif qui se reflète partout sur le site. Des vertus chevaleresques, monacales. La *règle* de l' « ordre » de Latour en quelque sorte.

« L'oisiveté est ennemie de l'âme », avait appris saint Benoît des Pères du désert. « Nous avons repensé chaque étape de notre travail avec le souci d'améliorer chaque détail dès que c'était nécessaire », lui fait écho Frédéric Engerer, le président de Latour. Un travail intense, minutieux, qui se reflète d'ailleurs dans le caractère du vin. Toutes les personnes de Latour sont occupées sans discontinuité toute l'année par les soins de la vigne, le travail dans les chais, le pilotage de la distribution. La recherche de l'excellence est perpétuelle.

La sélection des raisins prend des allures draconiennes, comme dans les écoles les plus élitistes. Pas d'à peu près ou de fantaisie dans le travail ici. Une discipline forte règne. L'organisation qui entoure cette armée de 600 000 pieds de vigne est militaire. Et c'est une nécessité, car Latour est un vin rigoureux.

Sobriété. Dépouillement. Une grande sérénité émane des lieux et vous invite au silence. La cour intérieure, où des platanes centenaires poussent sur un pavement de pierres, a la simplicité d'un jardin zen. Béton, granit, angles droits, la salle de dégustation, avec de grandes ouvertures vitrées sur les graves dont la couleur se fond avec les murs en hiver, possède un design très moderne, épuré, minimaliste. Le chai, immense alignement silencieux de barriques, de colonnes de béton et de lumière, ressemble à la salle de lecture d'une abbaye cistercienne.

Les résultats du travail accompli depuis une dizaine d'années sont spectaculaires. Latour marque aujourd'hui sa différence par un prix en primeur supérieur à celui des autres premiers du Médoc. Et le marché en redemande. « Il est important de ne jamais se dire que c'est fini, que vous ne pouvez plus progresser. » L'instruction de François Pinault, le propriétaire, est prise à cœur à Latour. Ici, on sait que c'est dans la durée que l'on construit, que seule la capacité de ne jamais se satisfaire de ce que l'on a obtenu fait qu'un homme, qu'un vin, peut se dépasser.

Un défi au temps

A Latour, on n'a jamais cessé de se battre contre le temps. Le vin est construit pour le défier, sa longévité est unique.

Il faut savoir attendre longtemps Latour pour que sa constitution s'affine, s'adoucisse et livre alors les fruits de la maturité. La richesse au palais devient alors inégalable. Reconnaissable entre mille, une sensation d'éternité vous envahit. Latour a besoin de décennies pour réellement se révéler. Lorsqu'il a atteint l'apogée de sa courbe de qualité, Latour y reste posé, sans en bouger, des décennies. Imperturbable. Latour est un vin qui ne veut jamais mourir.

Mais, « à vin bien né, la valeur n'attend pas le nombre des années. » Aujourd'hui, et au contraire des vins du passé, le temps de Latour est aussi « maintenant ». Dans sa jeunesse, le vin ne se cache plus sous ses gènes éternels de puissance et de longévité. Son fruit et sa chair sont tout de suite délicieux. Dès son plus jeune âge, il montre plus de civilité à l'amateur impatient, tout en lui faisant comprendre que l'attente sera récompensée au fil des années.

« Chêne Vert », « Forts de Latour », « Gravette », « Sarmentier ». Les noms des parcelles de vignes de Latour portent la trace de leur glorieux passé moyenâgeux et guerrier, et illustrent également l'extraordinaire stabilité et continuité du vignoble depuis cinq siècles.

Alors que l'histoire des propriétaires successifs d'un grand château de Bordeaux ressemble souvent à une longue et fastidieuse litanie, la stabilité de l'histoire de Latour est légendaire, comme son vin. Même les bruits de la Révolution française ne réussissent pas à franchir la porte de Latour : ses propriétaires n'ayant pas émigré, le vignoble n'est pas administré par des fermiers désignés d'office et le personnel reste attaché à ses propriétaires, pourtant de purs royalistes.

Latour n'a connu que trois propriétaires en quatre siècle d'histoire et de vicissitudes. Le domaine reste, de la création du château à 1963, la propriété d'une même famille, les Ségur, cette grande famille aristocratique française qui posséda un jour presque tout Bordeaux au début du XVIIIe siècle. Puis, Latour passe dans le giron de financiers anglais, une parenthèse de trente ans. En 1993, un capitaine d'industrie breton, François Pinault, en fait l'acquisition.

On imaginerait facilement les dirigeants et le propriétaire de Latour arc-boutés sur leur glorieux passé, se protégeant du présent, se méfiant du futur. Rien n'est plus faux. On est à Latour résolument tourné vers l'avenir. Comme les grands rois de jadis abdiquant au faîte de leur puissance pour leur fils, François Pinault, – un *self-made man* de soixante-huit ans ayant bâti un empire dans la distribution et le luxe – a confié la direction de son entreprise PPR à son fils François-Henri Pinault, et celle de Latour à une brillante équipe de jeunes trentenaires. « Si j'avais à défendre une vision de Latour, ce serait une vision d'abord axée sur le futur », revendique Frédéric Engerer. Voilà, de génération en génération, le plus grand combat que se donne Latour depuis quatre siècles.

« Tu seras un homme, mon fils »

L'amateur achète ses bouteilles de Latour comme les paysans d'autrefois plantaient les arbres : pour les générations à venir ; comme les compagnons bâtisseurs qui entraient sur un chantier : pour la vie, et avec le détachement de ceux qui savent qu'ils ne vivront pas assez pour voir le chef-d'œuvre achevé.

Puissance. Concentration. Sagesse née de la maturité. L'image du père est toujours présente dans un verre de Latour. C'est pourquoi, transmettre à son fils des bouteilles de Latour reste un symbole fort d'amour paternel. Chaque verre de Latour semble réciter pour vous, à sa façon, le poème « Tu seras un homme mon fils » de Kipling :

Si tu sais couronner ta force de croyance
Et élever la tour que tu portes en toi
Si tu sais faire mûrir ton droit et ta puissance
Et laisser s'exprimer le bouquet de ta foi

Alors les rois, les dieux, la chance et la victoire
Seront à tout jamais tes esclaves soumis
Et, ce qui vaut mieux que les rois et la gloire.

Tu seras un homme mon fils

« Au-dessus de la ligne des eaux, se dressent les murailles de Latour, sa colline de graves. »

Page 133, « L'Enclos », mur d'enceinte : « Devant la simplicité des éléments, faire quelque chose de l'ordre de la gravure. »

DOMAINE DE CHÂTEAV-LATOVR
CONSACRÉ PAR SES COPROPRIÉTAIRES
AV COEVR SACRÉ DE JÉSVS
1879

« Le volume en bouche des sensations vous fait immanquablement entrer dans une des plus grandes cathédrales gothiques. »

Pages 134 et 135, Calvaire et vignoble, plaque apposée au calvaire : « Chaque lettre de l'inscription est constitutive du paysage. »
Page 139, grappe de raisins : « Montrer l'idée de l'abondance, voire de l'excès. »

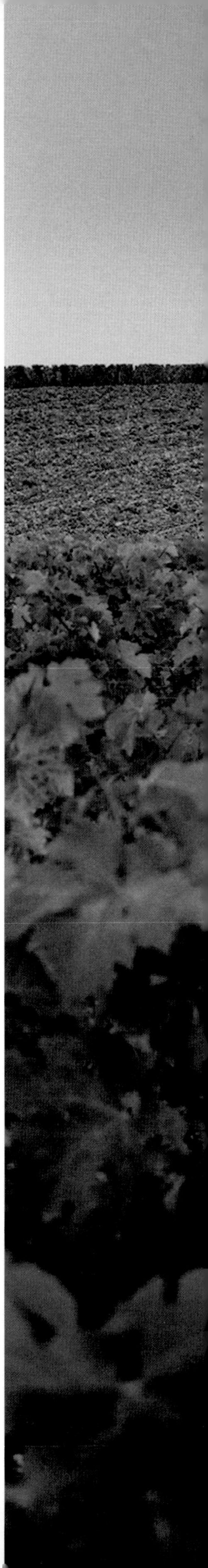

« Déguster Latour est toujours une expérience de force et un émerveillement. Un sentiment de puissance, de détermination et de sacré vous envahit. Presque de foi. »

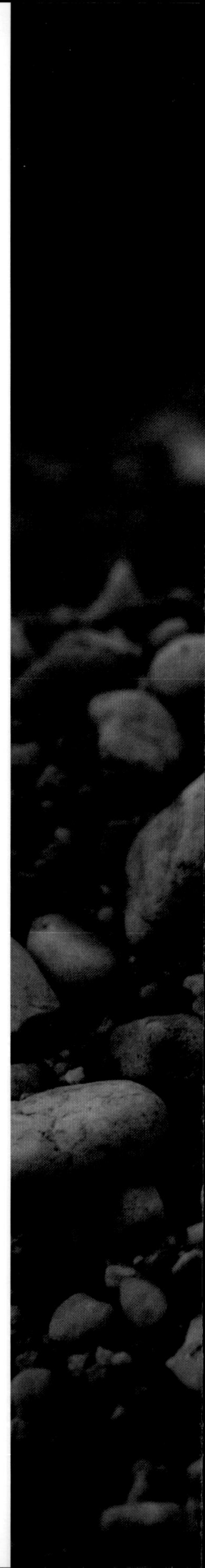

Page 140, grappes de raisins : « Cet accident, ce défi à la gravité, révèle une grande sensualité. »

« Rectitude. Latour est un vin droit, carré, qui refuse les facilités de la séduction immédiate. »

« Tout l'art des hommes de Latour depuis quatre siècles consiste à sublimer la richesse naturelle du lieu par le travail, la rigueur et la discipline. »

Page 146, cour intérieure : « Essayer de montrer le silence. »

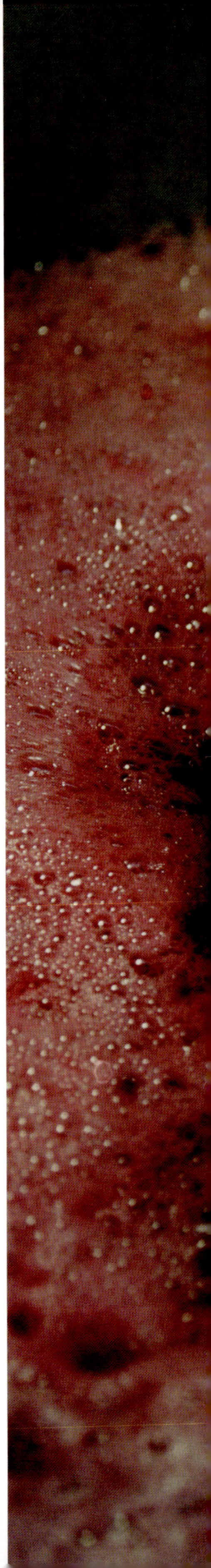

Pages 148 et 149, cuvier, chai et remontage : « Introduire dans le technique d'infimes vibrations pour qu'il devienne intéressant. »

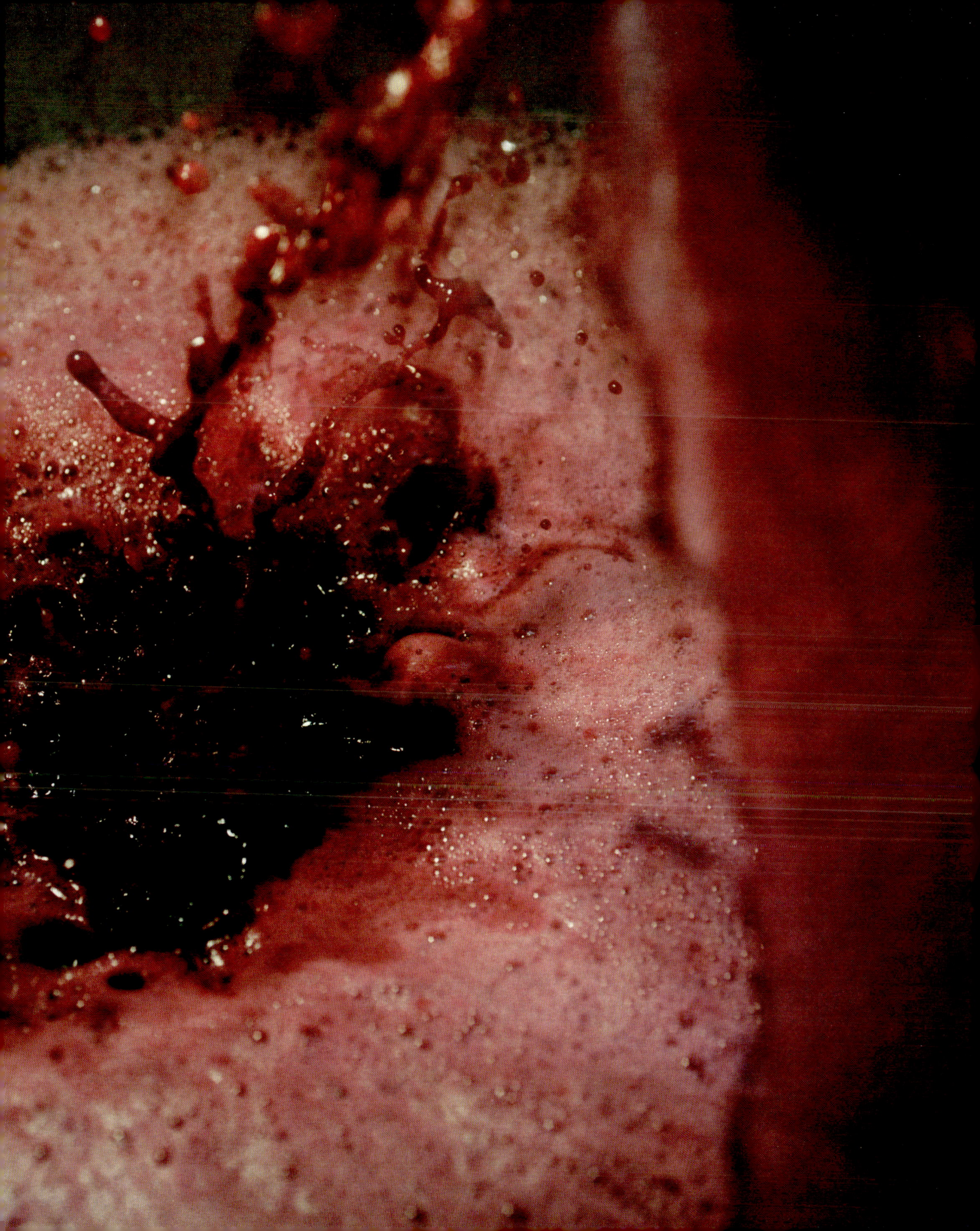

« Chaque verre de Latour semblent réciter pour vous, à sa façon, le poème " Tu seras un homme mon fils " de Kipling :

Si tu sais couronner ta force de croyance
Et élever la tour que tu portes en toi
Si tu sais faire mûrir ton droit et ta puissance
Et laisser s'exprimer le bouquet de ta foi

Alors les rois, les dieux, la chance et la victoire
Seront à tout jamais tes esclaves soumis
Et, ce qui vaut mieux que les rois et la gloire

Tu seras un homme mon fils »

Pages 150 et 151, sculpture en bois d'un Saint Vincent primitif : « Il n'est pas d'ici. Comme une découverte, les émotions arrivent avec la grossièreté des traits. »

Margaux

Premier Grand Cru Classé, Margaux

La Déesse des Secrets

Margaux

Le château de Margaux n'en est pas un. C'est un Temple, celui de l'Olympe des vins. Et ce Temple grec se dresse au beau milieu de nulle part.

Le Temple du vin

Le village de Margaux n'en est pas vraiment un non plus. Mais plutôt un éparpillement de bâtisses. Autour, des parcelles de vignes, la lande, les palus, les marais. Au loin, la masse jaune, boueuse et inquiétante du fleuve.

Soudain, on découvre Château Margaux : blanc, pur, précis, majestueux. L'élégance suprême, comme une prière aux dieux de l'harmonie et de l'équilibre pour les retenir dans ce pays et éloigner les démons du fleuve et de la lande qui rôdent alentour. Château Margaux a été édifié dans le style néo-classique sous le Premier Empire (1811), à la demande du propriétaire des lieux (le marquis de la Colonilla) par Louis Combes, le meilleur architecte de Bordeaux à cette époque.

Symboliquement, l'architecture du château incarne trois grandes idées. L'idéal philosophique de la raison et de l'équilibre, tout d'abord, illustré par la géométrie et les proportions du lieu, par les deux rangées rectilignes de platanes centenaires et la symétrie de la façade.

L'idéal de la sublimation du plaisir dans la beauté ensuite. Le péristyle à escalier de vingt-deux marches rend le perron monumental mais, surtout, traduit qu'ici la dégustation permet une élévation (c'est le symbole retenu sur l'étiquette du vin), l'accès à un autre monde, plus beau, celui des dieux. Plus que vers le plaisir, c'est vers la beauté que le vin élève. Plus que les valeurs de Dionysos (plaisir, ivresse, création), ce sont celles d'Apollon qui sont vénérées ici : beauté, mesure, équilibre.

Enfin, l'idéal de l'osmose de l'art et du travail. Les plans du lieu intègrent en effet les espaces de travail et les logements des ouvriers ; le chai devient une cathédrale moderne, les ateliers des chartreuses. Et l'abri dans lequel les ouvriers rangent leurs outils dans les vignes prend des faux airs du pavillon Gabriel, à Versailles.

Des cours, des rues, des maisons... Tout le nécessaire pour une vie harmonieuse. Margaux est un authentique phalanstère, un lieu créé pour faire vivre une utopie. Ici, plus qu'ailleurs, l'architecture se fait livre, l'exact reflet du vin et de l'idéal qu'il entend incarner.

Le philtre d'amour des magiciennes

L'expérience première de Château Margaux : la séduction immédiate. Margaux a reçu le don de charmer, comme les magiciennes des légendes avec leur philtre d'amour.

Comment ne pas y succomber ? Ce vin déploie toute l'architecture des grands parfums mélancoliques. D'abord, de fines notes de fleurs : vieilles roses fanées, violettes, iris et même parfois des traces d'orties blanches. Puis, des touches sensuelles et aiguës de fruits rouges : mûre et cassis. Enfin, de chaudes et intenses notes de fond : vanille, bois précieux (santal, cèdre), cuir et chocolat.

Le premier secret de Margaux est son parfum si profond et si complexe. Si parfait qu'on pourrait croire qu'il fut créé par l'un des grands « nez » de la parfumerie. De façon magique, comme nulle part ailleurs, le parfum demeure indéfiniment dans un verre vide, de plus en plus doux, subtil et délicat.

Margaux peut conserver indéfiniment la grâce florale et fruitée de sa jeunesse pour la restituer dans tout son éclat après des décennies. Margaux 1900 est sûrement le parfum le plus extraordinaire qui soit.

Dense, riche, fin et suave. Si Margaux était une matière, ce serait de la soie, et de la plus noble. Le déguster est toujours une douce caresse. Il faut le laisser se déployer avec la fluidité et l'ampleur chatoyante d'un drapé qui caresse vos lèvres et votre palais. Une douceur que l'on croyait à tort réservée aux vins liquoreux.

Dans les plus grands millésimes, une merveilleuse chaleur envahit la bouche et fait vibrer le palais : le fameux rubis de Margaux. Complexité, délicatesse et richesse. Une matière très présente, mais toujours en parfaite harmonie avec les parfums. Un éclat qui le rend changeant à chaque millésime, à chaque verre, à chaque instant.

Comme les autres grands du Médoc, Margaux est un vin de graves à dominante de Cabernet sauvignon (70 %, le Merlot représentant 20 % de son assemblage). Il en a hérité la structure, la précision et la puissance. De plus, l'âge de ses vignes (35 ans) lui donne de la profondeur.

Le plus grand secret de Margaux ? L'art de marier des qualités opposées : délicatesse et force, masculin et féminin, sensualité et rigueur. A la fois classique et moderne, le charme de Margaux est celui d'une robe de Chanel : sa coupe tombe avec une élégance parfaite.

Margaux se donne avec facilité dans sa jeunesse où il est toujours délicieux, avec plaisir dans sa maturité où ses parfums s'affinent, et avec complexité et magie à son apogée car sa structure lui permet de vieillir avec bonheur. La vie d'un millésime de Margaux ressemble à à l'évolution des plaisirs de l'amour.

Une succession de coups de foudre

Margaux agit au coup de foudre, comme Zeus

du haut de l'Olympe. Deux hommes et une femme l'ont marqué à jamais, deux séducteurs latins et une femme pleine d'audace et de volonté.

Le premier, fastueux mais absent, est le marquis de la Colonilla, un personnage tout droit sorti du Chat Botté de Perrault. Ce Basque, enrichi dans la tourmente de 1789 et des guerres napoléoniennes, a fait fortune comme banquier du roi d'Espagne, tout en soutenant activement les idées révolutionnaires. Notre intrigant, revenu d'Espagne avec un titre de marquis, veut célébrer son retour en France avec éclat. Il offre à Margaux son château, qu'il édifie comme le temple qu'il est aujourd'hui. A cette époque, Margaux – dont le vignoble a été établi au début du XVIIIe siècle – est déjà reconnu comme un des plus grands vins du monde.

Le second est André Mentzelopoulos. Ce Grec, parti de rien, sorte d'Ulysse moderne, a fait fortune autour du monde (Birmanie, Pakistan...) et dans la distribution (magasins Félix Potin en France). Marié à une Française, il tombe en 1977 sous le charme de Margaux et décide de réveiller la belle endormie. Rénovation du château, restructuration du vignoble, rajeunissement du parc... Rien n'est trop beau. André Mentzelopoulos offre tout le temps, le soin, l'attention et les moyens que Margaux mérite. Par son autorité, sa clairvoyance et par la force de son amour et de son dévouement, il prépare la renaissance que sa fille Corinne rendra visible au monde entier.

Car aujourd'hui, le prince des lieux est une princesse. Corinne Mentzelopoulos est âgée de vingt-cinq ans à peine lorsque le destin fait tomber Margaux entre ses mains (son père décède prématurément en 1980). Il en faut de l'audace à ce jeune âge pour oser diriger un tel temple. Et de résistance à l'adversité, si l'on imagine ce que pouvait penser à cette époque l'*establishment* professionnel de la présence d'une jeune femme, d'origine grecque (donc non bordelaise), à la tête de Margaux. A la surprise de beaucoup, elle s'abandonne comme son père au charme de Margaux, et lie son destin à celui du vin.

Certains prétendent que derrière la réussite d'un grand homme se cache toujours une grande femme. A Margaux, on se plait à interpréter à l'inverse ce proverbe. Paul Pontallier, gardien du temple, affable, brillant vinificateur, jamais trop dans la lumière – un parfait gentleman – accompagne Corinne Mentzelopoulos et le destin de Margaux depuis un peu plus de vingt ans. De retour du Chili en 1983, lui aussi succombe à la magie de Margaux.

Depuis l'arrivée des Mentzelopoulos, la renaissance de Margaux est exemplaire. Le vin fait la course en tête des mythes de Bordeaux depuis les années quatre-vingt.

Mais entre son âge d'or au XVIIIe siècle et sa renaissance grâce aux Mentzelopoulos, une longue période de sommeil s'était installée à Margaux. Comme si, à cause de trop d'agitation et de trop nombreux et successifs changements de propriétaires, les vignes étaient restées sur leur défensive et le lieu s'était refermé.

Ici, ce n'est pas seulement la forêt qui est enchantée, mais aussi le château, le fleuve, le parc et, surtout, les vignes. En 2003, n'ont-elles pas donné un millésime d'exception pour fêter le rachat par Corinne Mentzelopoulos des actions détenues par la famille Agnelli ?

Ce lieu est ensorcelé. Margaux ne se donne qu'à ceux qui acceptent de succomber à son charme, et qui savent l'aimer, avec passion.

Disciples de Socrate et d'Aristote

« Je sais que je ne sais rien. » Socrate a élu demeure dans ce temple du vin. A Margaux, on sait que chaque année, on ne fait que découvrir un peu plus le potentiel du terroir du château, et qu'il reste tant à apprendre.

Discutez avec Paul Pontallier, et vous vous retrouvez au beau milieu de dialogues que ne renieraient pas Socrate et Platon. Rencontre. Questions. Interrogations. Hypothèses. Aucune certitude ici. On cultive à Margaux l'étonnement, la posture socratique par excellence du questionnement, de l'humilité, de la soif d'apprendre et de la remise en cause perpétuelle.

Un autre philosophe classique semble également s'être installé à Margaux. Aristote, le père de la métaphysique, de la logique et des sciences, qui construit une somme de connaissances dans toutes les disciplines, basées sur l'observation et l'expérimentation.

A Margaux aussi, l'expérience est vénérée, la succession d'expérimentations et de constatations encouragée et provoquée. Car le contraste entre les sols est fort. Sur une vielle parcelle près de l'église, on trouve tant de pierres qu'on dit pouvoir y creuser un puits sans avoir besoin d'en renforcer les parois. Sur une autre, proche des palus, au contraire, l'argile domine. Sur ce damier de sols, de cépages et de climats, de très fines variations, même entre deux parcelles voisines, se traduisent par de grandes différences de qualité et de goût des raisins et donc de parfums. Telle une statue en marbre éclairée aux différentes heures du jour.

Un long travail humain de décisions, d'essais de cépages, de vinification et d'élevage du vin, c'est la version « Margaux » du terroir. Pas une fossilisation arrogante du passé, mais une « hérédité ». Tout et rien à la fois. Un potentiel à révéler. La tradition certes, mais toujours en mouvement. Chacun des 150 000 flacons de ce breuvage magique produits chaque année (sur 82 hectares) est le fruit de cette démarche née il y a deux mille cinq cents ans.

Un insaisissable secret

Dans le monde de Margaux, comme dans le monde enchanté des légendes, les frontières s'abolissent, les contradictions et les tensions s'envolent, les peines s'apaisent. Grâce à la magie de Margaux, on peut même faire revivre dans un verre un être cher et trop tôt disparu.

Un rêve éveillé. Rien n'est bien certain. Sinon que vous pouvez rencontrer une magicienne, et tomber amoureux d'un vin, d'un parfum, d'un lieu, d'un esprit, et jusqu'au bout les chérir plus que tout, sans vous l'expliquer. Chercher à découvrir le secret de Margaux, c'est à coup sûr le perdre.

« L'expérience première de Château Margaux : la séduction immédiate. »

« Soudain, on découvre Château Margaux : blanc, pur, précis, majestueux. L'élégance suprême, comme une prière aux dieux de l'harmonie et de l'équilibre. »

« Margaux déploie toute l'architecture des grands parfums... le parfum demeure indéfiniment dans un verre vide, de plus en plus doux, subtil et délicat. »

Page 169, sphinx et parc : « Capter l'intensité du silence. »

« Dans le monde de Margaux, comme dans le monde enchanté des légendes, les frontières s'abolissent, les contradictions et les tensions s'envolent, les peines s'apaisent. »

« Des cours, des rues, des maisons... Tout le nécessaire pour une vie harmonieuse. »

« Margaux est un authentique phalanstère, un lieu créé pour faire vivre une utopie. »

« Margaux ne se donne qu'à ceux qui acceptent de succomber à son charme, et qui savent l'aimer, avec passion. »

« Le château de Margaux n'en est pas un. C'est un Temple, celui de l'Olympe des vins. »

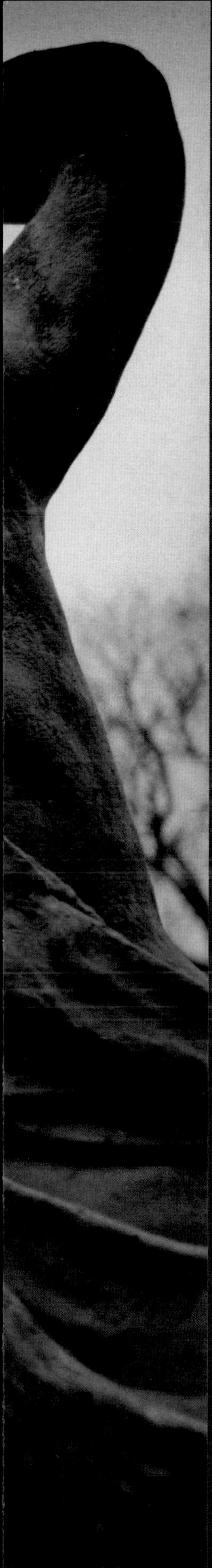

Mouton

Premier Grand Cru Classé, Pauillac

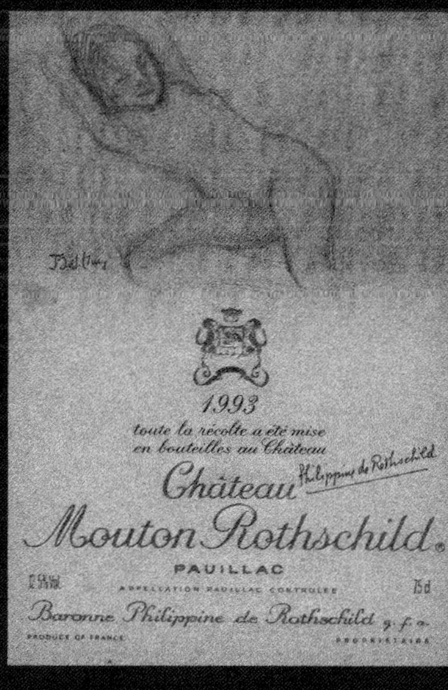

L'Artiste Flamboyant

Mouton

Mozart... La même magie opère. L'ouverture, la profusion des effets de style, la richesse des harmonies, la beauté des mélodies, tout rapproche Mouton des plus grands opéras du génie de Salzbourg.

L'Opéra des sens

Dans le verre, le vin brille d'un éclat sombre et profond, presque noir, silencieux. Il y règne la même attente impatiente que dans une salle de concert obscure. D'abord fermés et inexpressifs, ses parfums s'avancent ensuite par vagues successives, comme les familles d'instruments appelées par le chef d'orchestre. Mouton vous charme et vous séduit tout d'abord par ses parfums fruités de cassis.

Puis, c'est une explosion extraordinaire de parfums exotiques qui vous emporte, comme autant de mélodies successives.

L'intensité de la menthe et des épices vous secoue sans ménagement. Des parfums marqués par le Cabernet sauvignon qui constitue 80% du vin, mais en version africaine, ou indienne, Zanzibar ou le Taj Mahal. Pour le faste et l'exubérance des sensations, et pour le contraste : sauvagerie et raffinement, douceur et violence, chaleur et fraîcheur. Au final, vibre toujours une note magique de réglisse.

Au palais, Mouton ne se dévoile jamais instantanément. Il ménage toujours des surprises, et vous fait vivre et partager le spectacle de son génie. Imprévisible, il est capable de toutes les audaces. Les règles et la maîtrise de son rang sont là, mais aussi le rejet des convenances, et une grande liberté. Dans les plus grands millésimes, notre artiste sait rassembler à la fois la sensualité de Petrus, l'exotisme de Cheval Blanc, la puissance de Latour et la finesse de Margaux.

Artiste, un peu provocateur, Mouton joue sur un registre magique d'émotions et de sensations. C'est le plus séducteur et le plus flamboyant des Bordeaux.

Il représente le grand vin de Bordeaux dans sa version lyrique. Décors, danses, chants et musique : tel un grand opéra, Mouton offre une fête complète aux sens.

Car dans un verre, on peut entendre rire, pleurer et chanter à la fois. Seul un artiste génial peut réussir cette magie.

Page 186, bélier, symbole de Mouton : « Simplement posé là. »

Le théâtre de Bacchus

Mouton n'est pas un château, c'est un théâtre, dédié totalement à Bacchus, le dieu du vin, de l'ivresse et de la création. Jardins, bâtiments, musée, caves... Tout ce que le regard peut rencontrer a été mis en scène, délibérément, de telle sorte que le décor final soit parfait et en harmonie avec l'esprit du lieu.

En arrivant, vous êtes accueillis par de très belles serres de fleurs, car à Mouton, comme dans tout décor, les fleurs ont un rôle essentiel. Le grand parc, avec ses arbres centenaires d'essences rares, est beaucoup plus proche des *mixed border* à l'anglaise que des lignes géométriques d'un jardin classique à la française. Les angles droits semblent prohibés. Chaque if taillé en boule est d'une hauteur différente, illustrant ainsi l'esprit de liberté et de création qui règne ici.

Ce château-théâtre, en tant que bâtiment, est un assemblage hétéroclite d'anciens corps de ferme, dont la vocation a changé au cours du temps (un parking a même une forme d'escargot). Au milieu, à côté d'une allée de cailloux ratissés aux allures de jardin zen, trône un adorable châtelet du XIXe siècle, où se trouvent les appartements de la baronne Philippine de Rothschild. Entouré d'un jardin privé fait de petites allées tortueuses et sinueuses, le bâtiment joue le jeu d'une scène toute particulière au milieu du théâtre.

Art de la mise en scène, toujours. Dès 1926, le baron Philippe de Rothschild confie la mise en valeur des barriques de son vin à Charles Siclis, architecte du théâtre Pigalle à Paris. Eclairage théâtral, proportion des volumes d'une grande originalité – une salle de cent mètres de long sans aucune colonne pour gêner le regard –, décoration des murs, le « Grand Chai » de Mouton est la plus grande scène de Bordeaux.

Premier du genre, musée unique au monde, première attraction touristique de la région bordelaise, le « Musée du vin dans l'art » voulu par le baron Philippe de Rothschild est dédié à la création autour du vin. Il révèle au visiteur la vraie nature du vin : une œuvre d'art, un symbole de civilisation.

Au sous-sol, dans des coulisses obscures, se trouve la cave privée de la baronne Philippine de Rothschild. Riche de 100 000 bouteilles de tous les grands châteaux de Bordeaux, du XIXe siècle jusqu'à nos jours, absolument unique au monde avec celle de Lafite. Le rêve absolu de tout amateur de vieux millésimes, comme si les partitions de toutes les musiques du monde avaient été rassemblées en un même lieu. Un sentiment de vertige vous emporte à la lecture des étiquettes des bouteilles.

Au centre, repose chaque millésime de Mouton Rothschild, dans tous les formats de bouteilles. Non pas pour la dégustation, mais comme témoignage, et pour la postérité. Ce sont les archives de Mouton.

Si à Bordeaux la dégustation semble souvent un art, un savoir, un rituel sérieux et grave à la fois, à Mouton, rien de tel. Ici, on vit le vin comme une fête, un spectacle, un plaisir.

Seul de tous les grands Bordeaux, Mouton célèbre Bacchus, le dieu de l'ivresse et de la création.

C'est pourquoi, en 1973, c'est sous son signe (une bacchanale peinte par Picasso pour l'étiquette du millésime) qu'il fête son accession au rang de Premier Cru classé.

Lors d'une soirée mémorable en l'an 2003 – la « fête de la Fleur » –, deux mille invités sont réunis sous chapiteau autour de la baronne Philippine. Applaudissant l'illustre ténor Placido Domingo, appréciant les plus grands vins, savourant du regard d'extraordinaires feux d'artifices. Ce soir-là, la magie était parfaite. Mouton avait recréé à Bordeaux les plus grandes féeries du Roi-Soleil à Versailles.

Les enfants terribles de Bordeaux

Rivaux d'ambitions, cousins de sang, voisins géographiques – les deux châteaux se partagent la plus haute des collines de graves de Bordeaux, gage de puissance, de complexité et de race –, Lafite et Mouton sont deux vrais faux jumeaux, qui se ressemblent, mais que tout sépare aussi.

L'un, Lafite, le classique, le perfectionniste, est en quelque sorte le « fils légitime » du classement de 1855. L'autre, Mouton, le créatif, l'extraverti – qui pour des raisons historiques bien obscures n'est classé initialement que « second » en 1855 –, en est, lui, le « fils prodigue ». Blessure forte, traumatisme fondateur du mythe. L'histoire aurait pu en rester là, et Mouton un brillant second. Mais c'était sans compter sur une famille d'artistes, créateurs et visionnaires.

Brane-Mouton – c'est son nom initial – est créé, comme la plupart des très grands Bordeaux, par les grandes dynasties parlementaires bordelaises du XVIIIe siècle. En 1853, le baron Nathaniel de Rothschild (1812-1870), de la branche anglaise des Rothschild, fait l'acquisition du château qu'il rebaptise aussitôt en Mouton Rothschild.

En 1920, le baron Philippe de Rothschild, jeune dandy parisien de vingt ans, brillant, très cultivé – traducteur à ses heures de poèmes élisabéthains –, quelque peu fantasque, amateur de courses de voitures, reçoit Mouton en héritage. Le baron Philippe y cristallise son ambition. Pour lui, le rang de second est une marque d'infamie. La volonté de cet homme de la Renaissance égaré au XXe siècle, est incroyable de force et de ténacité.

Il se battra toute sa vie pour la gloire de Mouton, pour obtenir et maintenir le rang qu'il considère le sien : le premier. D'où sa première devise : « Premier ne puis ; second ne daigne ; Mouton suis. »

Pour atteindre son objectif, il n'hésite pas à bousculer les règles établies, codifiées et séculaires du microcosme bordelais et ne recule devant aucune rupture. En 1924, il organise le premier la mise en bouteille au château de toute la production, privant ainsi le négoce d'une manne financière considérable. L'opposition, l'hostilité sont fortes. Par ce geste, Philippe de Rothschild initie le renversement du rapport de force entre le « négoce » et la « propriété » en faveur de celle-ci et lance le mouvement de réveil des plus grands châteaux de Bordeaux. En 1926, il a l'intuition que le développement d'un grand château de Bordeaux passera par un imaginaire fort chez l'amateur de vin. Il organise le premier la mise en scène du lieu où l'on produit le vin dans la construction du spectaculaire « grand chai ».

En 1973, après beaucoup de diplomatie, de tact, d'entregent et de détermination – un *lobbying* forcené dirait-on dans le langage d'aujourd'hui –, Philippe de Rothschild réussit là où tout le monde a échoué : faire modifier le sacro-saint classement de 1855 et accéder au rang de Premier Grand Cru ; seule modification jamais faite au classement des grands vins de Bordeaux. « Premier je suis, second je fus, Mouton ne change. » Sa nouvelle devise prend acte de cette consécration, mais affirme aussi la solitude de celui qui reste différent des autres.

A partir des années quatre-vingt, le destin de Mouton est pris en main par la baronne Philippine de Rothschild, fille unique du baron Philippe. « Si la partition initiale a été composée par son père, c'est la baronne Philippine qui l'aura magnifiquement jouée et qui aura fait entendre la musique magique de Mouton dans le monde entier. » Pour Hervé Berland, pas de doute, c'est la baronne Philippine qui, depuis plus de vingt-cinq ans, est le personnage principal de Mouton, dont elle incarne l'esprit à la perfection.

Rayonnement de Mouton dans le monde, modernisation et accompagnement du château dans son temps, augmentation constante de la qualité des vins, la baronne Philippine fait briller Mouton dans de multiples directions.

Ancienne pensionnaire de la Comédie française, la baronne Philippine sait à merveille mettre en scène son vin, séduire tous ses publics et faire rayonner l'esprit flamboyant de Mouton.

Le vin et l'art

Des figures dansantes de Picasso, un thème biblique de Chagall, une composition étrange de Bacon… Aucun vin au monde n'a réussi comme Mouton à inclure dans son univers et son imaginaire autant de grands artistes.

Le génie particulier de Mouton jaillit et se nourrit d'une source principale : la création. Pour le montrer aux amateurs de vins et au monde entier, le baron Philippe de Rothschild décide, à partir de 1945 (après un premier essai en 1924), d'inviter chaque année un artiste contemporain à créer une œuvre originale pour l'étiquette de son vin ; étiquettes aujourd'hui admirées et collectionnées dans le monde entier. Chacune de ces œuvres originales est un hommage à la nature esthétique et artistique de Mouton et rappelle au public que chacun des millésimes est une création au sens artistique le plus complet.

A Mouton, le vin et l'art sont bien une mise en scène permanente, jusqu'à parfois faire oublier deux secrets de Mouton : la très grande qualité du vin, et la non moins très grande maîtrise technique de ceux qui le créent chaque année. La qualité du vin repose avant tout sur ces quatre-vingts hectares de vignes classées, sur la plus haute des collines de graves de Pauillac. On pourrait presque les oublier tellement le lieu est fort, mais ces cailloux magiques sont là. Impressionnants de densité. Gages de puissance et de complexité. Les vignes, de quarante-cinq ans d'âge en moyenne, font l'objet de soins admirables, et, chaque année, les 200 000 bouteilles créées sont d'une qualité exceptionnelle.

Pourquoi donc mettre si peu en avant la technique ? Pour une raison essentielle. A Mouton, le vin est une œuvre d'art. Et c'est le résultat de la création qui compte plus que tout. Pas les matériaux et les outils. La nature, le terroir, le cépage et les conditions climatiques semblent n'être qu'une matière première ici, comme les mots pour l'écrivain, le Steinway pour un pianiste, les pigments et la toile pour le peintre. Mouton adopte la même attitude que les grands artistes : toujours très attentifs à leurs instruments, mais toujours discrets ou pudiques sur le sujet.

« Un grand vin, c'est de l'art. L'art et le vin sont intimement liés. Il faut les réunir », s'exclamait le baron Philippe de Rothschild. Si Mouton a déjà laissé une trace indélébile dans l'histoire, c'est celle de la mise en scène artistique du vin, rappelant ainsi le lien millénaire entre le vin et l'art.

L'inspiration avant tout

Avec le même état d'esprit qu'un créateur de mode, Mouton se donne pour ambition de créer à chaque millésime le vin qui renouvellera la séduction et l'enchantement.

C'est aussi la raison d'être de ces étiquettes créées en parallèle, année après année, qui matérialisent en traits et en couleur cette créativité sans cesse renouvelée.

Mouton est capable de tout. Tout dépend de son inspiration. Sur des millésimes dits « petits » ou plus difficiles, il excelle à sublimer les contraintes de la nature, à transcender la qualité des raisins et à donner un vin incroyable de complexité, de structure et d'équilibre. Mais surtout, Mouton sait créer des vins de légende. Pendant la Deuxième Guerre mondiale, le baron Philippe de Rothschild a dû s'exiler à Londres. Son château est saisi par le régime de Vichy, sa femme est déportée, sa fille échappe, elle, miraculeusement à la mort. Quand il revient en France à la Libération, sa femme est morte en déportation. La réponse du baron Philippe et de Mouton est à la hauteur du drame : Mouton 1945.

Le vin de la victoire, comme le dit son étiquette en forme de V, le plus flamboyant et éblouissant des vins. Universel et monumental : Mouton 1945, la Chapelle Sixtine des vins.

L'homme est toujours le reflet des drames et espoirs de son époque. Libre aux autres vins d'exprimer leur terroir, Mouton préfère, lui, créer et exprimer son temps.

« La nature, le terroir, le cépage, les conditions climatiques, semblent n'être qu'une matière première ici, comme les mots pour l'écrivain, le Steinway pour un pianiste, les pigments et la toile pour le peintre. »

« Aucun vin au monde n'a réussi comme Mouton à inclure dans son univers et son imaginaire autant de grands artistes. »

Page 197, Etiquette du millésime 1973 : « Répondre avec une technique photographique propre à Picasso. »

en hommage à Picasso / 1881
ASSO BACCHANALE - MUSÉE DE MOUTON

« Mouton n'est pas un château, c'est un théâtre, dédié totalement à Bacchus, le dieu du vin, de l'ivresse et de la création. »

Page 199, jardin du châtelet. « Ici tout tourne autour du banc blanc. »

« Mouton se donne pour ambition de créer à chaque millésime le vin qui renouvellera la séduction et l'enchantement. »

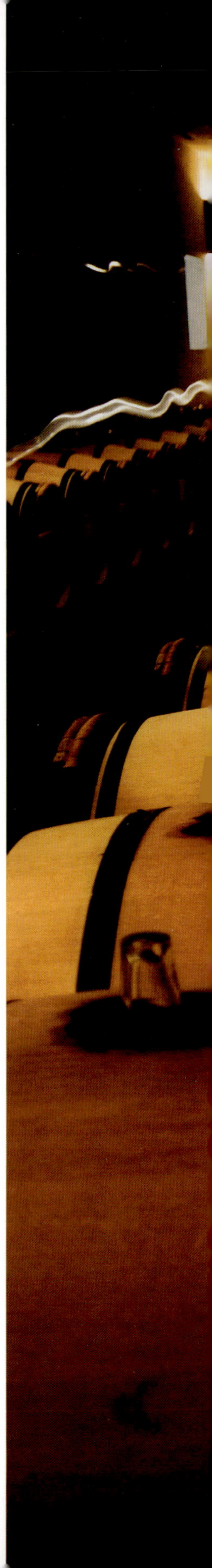

Page 201, chai : « Comment dire dans un dispositif photographique un lieu aussi théâtral ? »
Pages 204 et 205, fresque de Dunan : « D'un effet hypnotique et obsédant. »

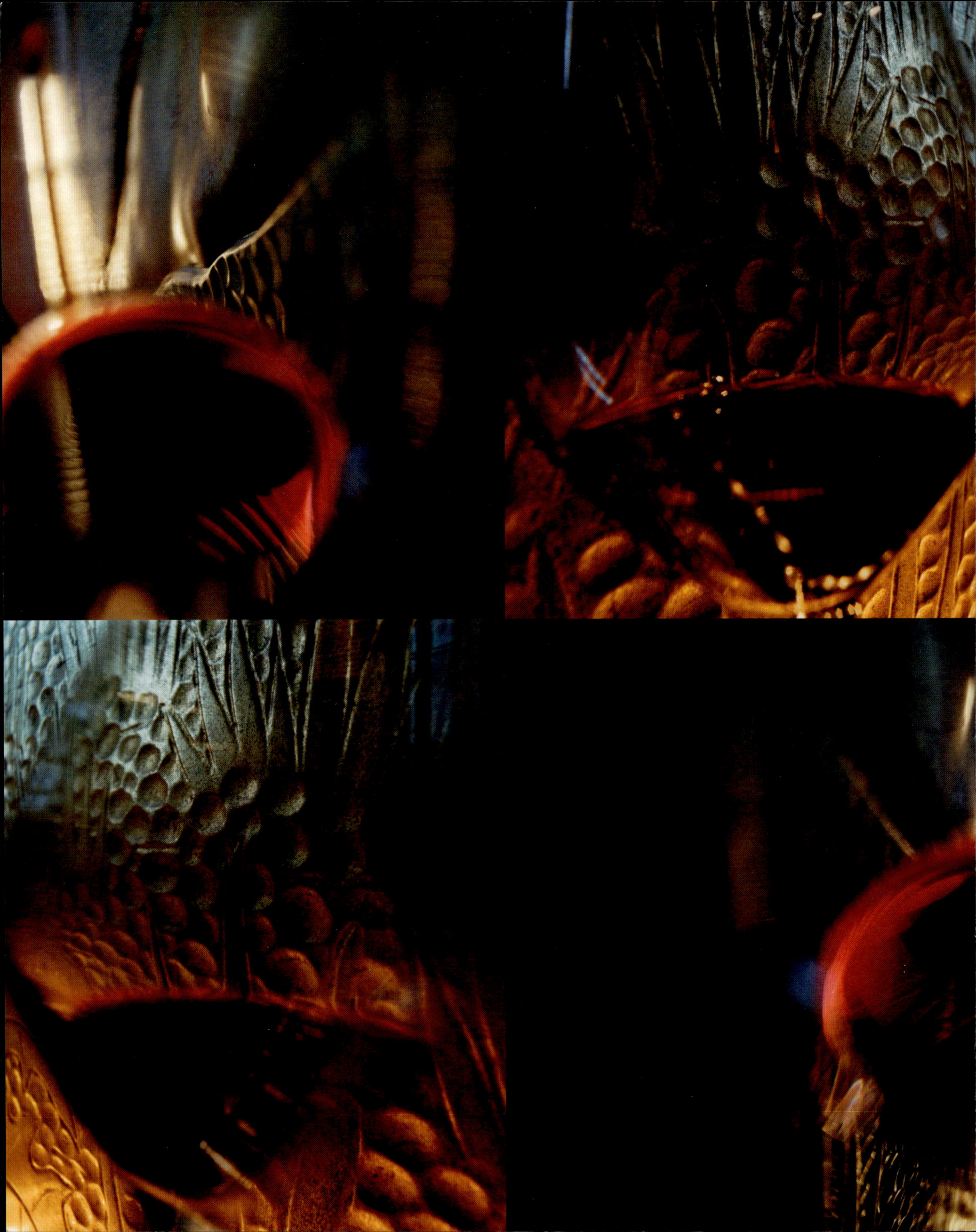

1945
ANNÉE
DE LA
VICTOIRE
RÉCOLTE MISE EN BOUTEILLES
1945
Cette récolte a
numérotés
magnums numér. de
bout. numér
Réserve du Château
porte le

« A Mouton, on vit le vin comme une fête, un spectacle, un plaisir. »

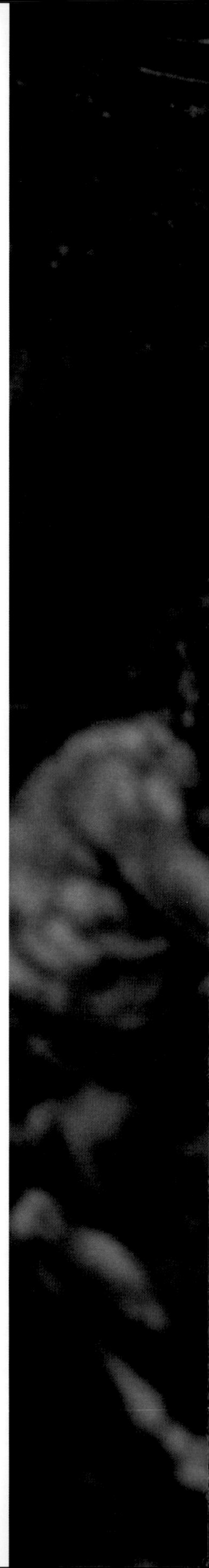

Page 207, bouteille de Mouton 1945 : « Seule photographie de bouteille du livre, objet émouvant. »

« Décors, danses, chants, et musique : tel un grand opéra, Mouton offre une fête complète aux sens. »

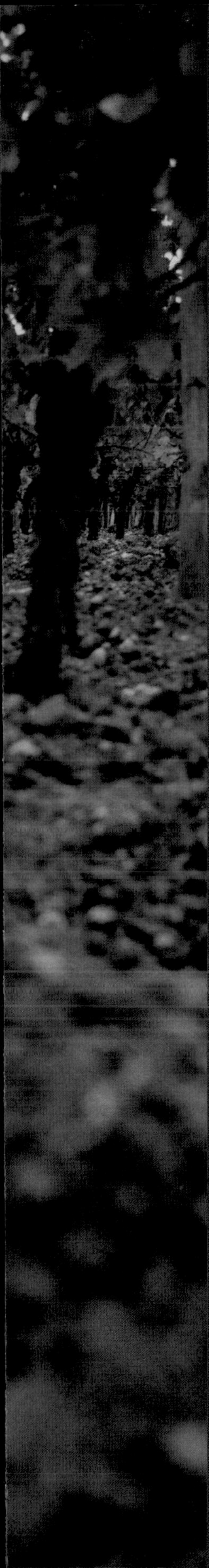

Petrus

Pomerol

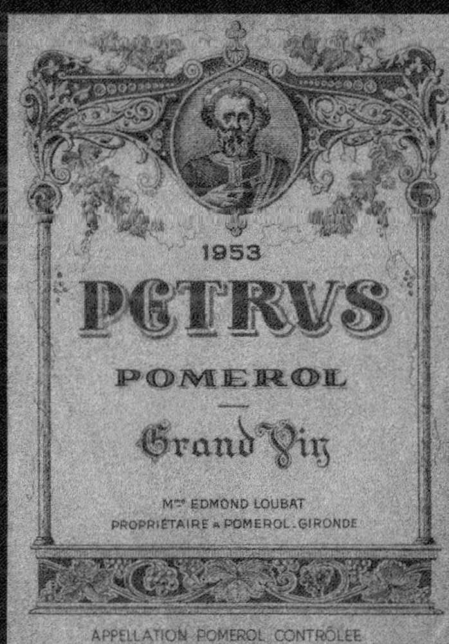

Le Colosse de Plaisir

Petrus

Concentration, excès, opposition, séduction. Tout, dans Petrus, rappelle Shakespeare, l'ultime dramaturge.

La démesure de Shakespeare

S'approcher d'un verre de Petrus, c'est trouver d'abord en face de soi Othello, le Maure de Venise. Car Petrus est un colosse noir, couleur d'ébène, beau comme un dieu, tumultueux comme l'orage qui absorbe la lumière.

Quand vous le remuez, une force brute et massive jaillit du verre. Une corpulence séductrice en émerge. Emporté, violent, mais aussi sensible et sensuel. Un colosse de pierre de Michel-Ange.

Il dégage d'abord de suaves senteurs de cassis mûr et de violette. Sans aucune retenue, son parfum exubérant s'enrichit. Il explose de vanille, de truffe et de terre. Puis, de plus en plus profond et de plus en plus intense, de tabac, de cuir, de moka et de chocolat noir. Jusqu'à devenir exotique, avec des herbes aromatiques et des épices rares. D'une intensité volcanique, ce vin ne ménage jamais vos sens : ses parfums sont sans fin. Presque jusqu'à saturation.

Le terrible Minotaure, gardien du Labyrinthe. Si Petrus était un animal, ce serait à coup sûr un taureau. Masse compacte de puissance, de fougue et de sauvagerie. Mâle impétueux. Car en bouche, ce vin est épais, dense, massif. Terriblement concentré et puissant. Une masse lourde et pesante de vie.

Ambivalent comme le taureau primordial, il libère une énergie sauvage et pourtant raffinée, et mélange au même instant brutalité et caresse au palais. Dans l'excès en permanence, il déchaîne une force incontrôlée de sensations et d'émotions, qui peut surprendre.

Viril, masculin, les caresses de cet étalon sont des plus sensuelles, presque érotiques. Le palais est alors envahi d'une plénitude de sensations puissantes et irrésistibles. La séduction est brutale. Le plaisir physique brut jaillit, immédiat et intense.

Aucun vin ne peut égaler Petrus dans le plaisir et la générosité. Jamais un vin dégusté si jeune ne peut être si chaud et si sensuel que lui. Velouté, presque sucré. Comment peut-il donner autant de plaisir en fondant sur la langue ?

Page 214, nature morte : « Se relâcher, et faire d'un accident une image. »

Petrus se déguste moins avec sa tête qu'avec son corps, son instinct. Et dans l'instant.

« Mourir, dormir... Dormir, rêver peut-être... C'est là l'obstacle, car c'est la peur des rêves qui viendront dans ce sommeil des morts quand nous aurons quitté le tumulte de vivre qui fait de nous des lâches... » Comme Hamlet dans la pièce de Shakespeare, Petrus joue de la concentration de sensations, de l'excès d'images, de l'ambivalence de son personnage. Et c'est de ce tumulte qu'il fait jaillir le vertige, la fascination, le rêve d'infini.

L'argile primordiale, le Merlot absolu

Ne cherchez pas de château à Petrus, il n'y en pas. Vous n'y trouvez qu'une petite construction aux airs de maison de poupée, un chai à peine plus grand, et un jardin de curé. « Seuls comptent la terre, la vigne et le vin », semble exprimer le lieu. Le reste n'a aucune importance.

Petrus occupe le point culminant du paysage de Pomerol, une petite enclave de onze hectares appelée la « boutonnière », à quarante mètres d'altitude. A l'œil le paysage semble plat. Et pourtant, Petrus est situé légèrement au-dessus des autres terres. C'est la seule partie du vignoble de Pomerol qui a échappé à l'invasion de cailloux et d'alluvions charriés par les fleuves lors des ères glaciaires. D'une grande pureté, la terre à Petrus est donc exclusivement faite d'argile lourde, collante et profonde.

La glaise lourde de ce sol le rend extrêmement difficile à travailler. Le sous-sol regorge de minéraux de fer (la crasse de fer), éléments si précieux pour produire des vins puissants et séducteurs. C'est de cette terre qu'il acquiert cette force magnétique qui impressionne tous les amateurs de vin.

Les argiles de Petrus sont uniques au monde. En raison de leur texture très fine, elles régulent l'alimentation en eau de la vigne un peu comme le diaphragme d'un appareil photographique. L'eau n'est naturellement donnée à la vigne qu'au compte-gouttes. Quand le temps est sec, les argiles de Petrus se fissurent. Les racines de la vigne s'engouffrent pour trouver dans les profondeurs de l'eau et de la nourriture.

Quand la pluie arrive, les argiles se gonflent et ferment les fissures. L'eau reste à la surface, les racines de la vigne restent au sec, la dilution des parfums est évitée, les arômes des raisins peuvent se concentrer.

Alors que les vins du Médoc sont principalement composés de Cabernet sauvignon qui joue souvent d'austérité dans sa jeunesse et de finesse et d'élégance à maturité, Petrus est lui un vin à presque 100% de Merlot. Sur cette terre profonde d'argile, ce cépage noir donne le meilleur de lui-même : une grande complexité et intensité de parfum ; une suavité magique, et une capacité incroyable à être immédiatement délicieux dans sa jeunesse.

Si Petrus n'est pas un vin céleste, c'est qu'il a les pieds enracinés dans la terre. Dans la substance universelle, la *materia prima* séparée des eaux selon la Genèse. De sa matrice d'argile et de Merlot, il a pétri un vin de terre, de sang et de feu.

La Scuderia Ferrari

Pourquoi la vigne et le vin sont-ils à leur maximum de puissance et de concentration à Petrus ? Parce que, comme chez Ferrari, Petrus fait monter l'aiguille du compte-tours des émotions jusqu'à la ligne rouge des palpitations cardiaques.

Le perfectionnisme. A Petrus, on prépare les raisins avec le même soin qu'une voiture de formule 1. La complantation, technique délicate consistant à greffer de jeunes pieds de vignes sur un cep âgé, permet de maintenir des vignes d'âge moyen de quarante à quarante-cinq ans, gage de complexité des arômes des raisins. Les vendanges vertes, opération qui consiste à couper sur pied des grappes de raisins pour concentrer les arômes sur les grappes restante, sont pratiquées depuis 1973, bien avant que cette technique se répande ailleurs dans le vignoble de Bordeaux. L'effeuillage, qui consiste lui à éclaircir le feuillage de la vigne pour qu'elle puisse profiter au maximum des rayons de soleil à la fin de l'été, a été pratiqué aussi très tôt.

La passion. Le rouge du vin et de la puissance brûle dans ceux qui créent et apprécient Petrus. Chose assez rare à Bordeaux, les propriétaires sont personnellement impliqués dans la gestion quotidienne du vin. Pendant les vendanges, Christian Moueix est sans discontinuité avec ses équipes, mais il est surtout là le premier, le matin dans la vigne, et le dernier en fin de journée.

Marcher. Observer. Goûter les raisins. Le Merlot est un cépage dont la « fenêtre de maturité parfaite » est plus courte que pour le Cabernet sauvignon. Il bascule rapidement : pas assez mûr un jour, et très vite trop mûr si on laisse filer le temps. Enzo Ferrari lors des grand prix. Chaque année, depuis plus de deux décennies, Christian Moueix est présent dans les vignes de Petrus en août. Cette période n'est jamais celle des vacances pour lui, mais celle de la décision clef, qui fait le millésime pour Petrus : la date des vendanges.

Rien n'est trop beau, rien n'est trop cher. Lorsqu'il juge le moment opportun, Christian Moueix fait intervenir au même instant cent quatre-vingts vendangeurs. Cette armée de mécaniciens de précision peut vendanger tout Petrus en trois jours seulement. Un exploit technique que peu de châteaux peuvent se permettre. Une vitesse inégalée.

Ne jamais lésiner sur les moyens. Utiliser tout ce qu'il est possible et autorisé de faire pour gagner. A Petrus, les propriétaires se donnent une totale liberté de moyens pour faire le plus grand vin au monde. Une année, un hélicoptère (piloté par Christian Moueix) a été utilisé pour protéger du froid et faire sécher les raisins...

Au final, avec ses 30 à 50 000 bouteilles produites chaque année (trois à quatre fois moins que les plus grands vins du Médoc), Petrus fait le bonheur des collectionneurs. De quelques centaines d'euros la bouteille en primeurs jusqu'à plusieurs milliers d'euros pour les plus grands millésimes en bouteille, Petrus est sûrement le vin le plus cher au monde.

La compétition en prix avec tous les plus grands vins du monde est sûrement une grande source de motivation. Mais il y a beaucoup plus que cela : l'esthétisme, le sens du beau et du style. Le véritable esprit de la Scuderia Ferrari. Créer chaque année, quel que soit le challenge, le vin reconnaissable entre tous, qui concilie la démesure de la puissance et la beauté d'une ligne unique.

Un roman de Balzac

Un des plus beaux tomes de la *Comédie humaine* de Balzac. L'histoire de Petrus est celle d'une ascension méthodique et fulgurante, avec cinq personnages principaux.

Volonté. Ténacité. Ambition. La veuve Loubat, aubergiste à Libourne, est un de ces personnages de braise, énergiques et visionnaires comme la terre de France en a le secret.

Le deuxième personnage est Jean-Pierre Moueix, un Corrézien venu s'installer à Libourne, et avec qui Mme Loubat a l'intuition de s'associer. Il a deux fils : Jean-François et Christian. Tous les membres de cette famille disposent en particulier de quatre talents, qui s'avéreront précieux pour le développement de Petrus.

Le premier est un sens inné de la terre, un don pour y faire pousser et en retirer le meilleur – talent bien corrézien que tous les Moueix utiliseront à merveille en cultivant la vigne. Le deuxième est le sens instinctif des affaires, d'une telle efficacité qu'on jurerait qu'ils ont amassé toutes les vertus commerciales des chemins de France. Le troisième talent est le goût du travail bien fait, et ses sous-jacents : le labeur, l'abnégation nécessaire pour atteindre l'objectif que l'on s'est donné. Le dernier talent enfin, une grande sensibilité artistique et esthétique.

Jean-Pierre Moueix a découvert deux artistes majeurs du XXe siècle : Nicolas de Staël et Francis Bacon. Aujourd'hui, les Moueix possèdent une collection privée d'art contemporain impressionnante de richesse et de sensibilité.

Le fils aîné, Jean-François, est un homme discret. Grand propriétaire de châteaux à Bordeaux, brillant dirigeant de multiples sociétés de négoce de vins, collectionneur d'art. C'est l'homme de l'ombre de Petrus. Toujours en retrait, mais toujours si présent en coulisses.

Christian Moueix, le deuxième fils, est tout le contraire de son aîné. Charismatique, très à l'aise en représentation publique, il tient les rênes opérationnelles de Petrus. C'est un visionnaire du monde du vin. A vingt ans, il a choisi d'aller apprendre le métier du vin non à Bordeaux mais dans la Napa Valley, en Californie. Il en est revenu sans inhibitions et avec une grande liberté d'esprit face à la tradition parfois pesante du monde du Bordeaux, avec un goût prononcé pour la compétition, et, surtout, avec une grande admiration pour les Etats-Unis.

Le dernier personnage de Petrus, Jean-Claude Berrouet, est moins connu du grand public, et pourtant c'est lui qui supervise les vignes et le vin de Petrus. Ce Basque est un paysan magicien du Merlot et de l'argile.

Ces personnages vont écrire une des plus belles histoires d'ascension sociale et économique du XXe siècle.

Au tout début du siècle dernier, Petrus est encore un vin confidentiel, son nom n'apparaît qu'en 1837, soit plusieurs siècles après les plus grands vins du Médoc. Après la mort de son mari, Mme Loubat rachète peu à peu entre 1925 et 1945 la totalité des parts du vignoble de Petrus. Elle n'accepte pas que les Premiers Grands Crus classés du Médoc soient vendus plus cher que son vin, et a déjà l'intuition de la puissance expressive de Petrus.

En 1953, les fiançailles de la princesse Elisabeth d'Angleterre vont projeter Petrus sur le devant de la scène médiatique. Réalisant ce que l'on appellerait aujourd'hui une superbe opération de relations publiques, Mme Loubat envoie en cadeau des caisses de Petrus. Ce qui lui vaut en retour d'être invitée aux cérémonies, et, surtout, de faire connaître son vin du Tout-Londres.

Très tôt, Mme Loubat confie le destin commercial de Petrus à Jean-Pierre Moueix. C'est lui qui lance Petrus aux Etats-Unis dès la fin de la Deuxième Guerre mondiale, faisant très vite dit-on des Kennedy et de Marylin Monroe, notamment, des inconditionnels de Petrus.

Christian Moueix lance Petrus en Asie dans les années quatre-vingt, dès le début de l'engouement des Japonais pour les grands Bordeaux. Puis, dans les années quatre-vingt-dix, au Moyen-Orient, en Chine et en Russie. Belges, Anglais, Américains, Suisses, Japonais et maintenant Chinois. Les inconditionnels de Petrus se retrouvent aujourd'hui dans le monde entier.

En à peine cinquante ans, Petrus est devenu l'un des vins rouges les plus chers au monde. Parti de rien, sans origines nobles et anciennes, Petrus a créé très vite sa place dans le monde restreint des plus grands vins du monde.

Il symbolise l'accélération de l'histoire. Au XXe siècle, il est devenu possible d'accomplir en une vie ce que dans l'ancien temps on mettait des générations à bâtir : un nom, une richesse incroyable, et une puissance sociale.

C'est la morale de cette histoire singulière à Bordeaux : la revanche des petits sur les puissants, du travail sur la naissance, de l'ambition sur la tradition.

Déguster un « vin Océan »

« Tout homme a en lui son Océan, dit Victor Hugo. Il est libre d'aller ou de ne point aller sur cet effrayant promontoire d'où l'on aperçoit les ténèbres. S'il n'y va pas, il est dans la vie ordinaire, dans la conscience ordinaire, dans la vertu ordinaire... Et c'est bien. Nul ne voit impunément cet océan-là [...] L'illimité entre dans sa vie [...] Il devient extraordinaire aux autres hommes, ayant une mesure différente de la leur [...] »

Petrus a franchi le pas. Avec lui, vous dégustez un « vin Océan ». Il est aux grands vins ce que Shakespeare est à la littérature, Michel-Ange à la peinture et Verdi à la musique : un raz-de-marée de sensations, une éruption volcanique d'émotions, une expérience de dégustation dont on sort à jamais bouleversé.

« Le terrible Minotaure, gardien du Labyrinthe. Si Petrus était un animal, ce serait à coup sûr un taureau. Masse compacte de puissance. »

« Ne cherchez pas de château à Petrus, il n'y en a pas : seuls comptent la terre, la vigne et le vin. »

Page 225, rangs de vigne : « La terre, comme un ciel tourmenté. »
Page 226 (en bas à gauche), sous-sol d'argile : « La mémoire enfouie. »

Pages 228 et 229, pressurage du marc : « On ne peut pas ne pas penser au sang. »
Pages 230 et 231, verre de Petrus : « Avant l'accident, le doré dans un miroir. »

« Avec Petrus, vous dégustez un " vin Océan " : un raz-de-marée de sensations, une éruption volcanique d'émotions, une expérience de dégustation dont on sort à jamais bouleversé. »

Page 232, ciel d'orage : « Le ciel, comme une terre tourmentée. »
Page 235, cimetière de Néac : « Faire de la photographie pour vivre des moments aussi intenses. »

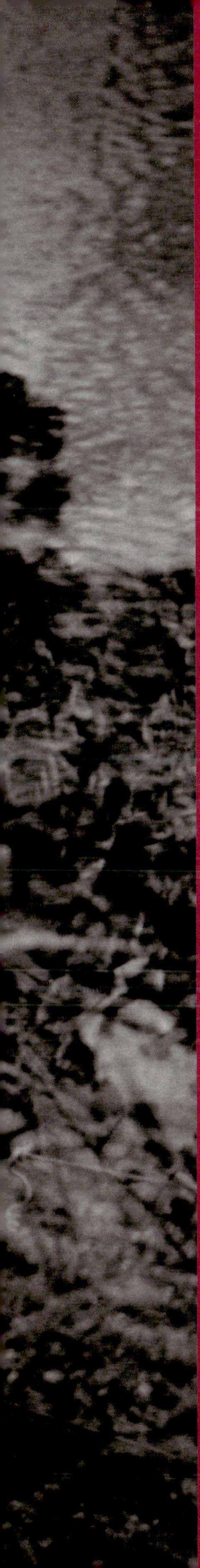

Yquem

Premier Cru Classé Supérieur, Sauternes

Le Graal de Lumière

Yquem

Yquem invite au silence, à la méditation. Le déguster ouvre toujours une parenthèse, une rupture, dans l'agitation et la confusion des occupations de la vie.

La grande paix naturelle

Ce liquide éblouissant semble irradier sa propre lumière de l'intérieur. Il offre au regard toutes les nuances de l'or et du soleil. Avec les années, la couleur d'Yquem passe de l'aube au crépuscule, du jaune paille cristallin à un acajou translucide de plus en plus dense et rouge, jusqu'au caramel foncé, opaque des plus vieux millésimes.

Avant même d'avoir approché le verre, toutes les tensions s'apaisent. Vous devenez pleinement détendu, tranquille, serein. Comme si ce vin savait vous rendre prêt, attentif et disponible pour le déguster.

Yquem possède la majesté inaltérable d'une montagne, insensible aux vents qui l'assaillent ou à l'épaisseur des nuages sombres qui tourbillonnent à son sommet. Il refuse d'obéir à la loi de la gravité dans un verre et ne s'écoule que très lentement le long des parois.

Ses parfums de fruits, de fleurs et d'épices vous font pénétrer dans le plus extraordinaire des jardins, un jardin absolu qui renfermerait tous les parfums du monde. D'abord, s'élève la fraîcheur de la pêche, de l'abricot, du melon, de l'ananas et de la noix de coco. Mais aussi des plus beaux agrumes : fleur d'oranger, citron confit, mandarine... Puis, la vivacité des parfums de fleurs de tilleul et de chèvrefeuille vous caresse. Les parfums sont infinis. C'est au tour des épices de jaillir du verre. Vanille, cannelle, safran, réglisse, avec une intensité d'une grande générosité. Caramel, cire et miel vous enveloppent enfin de leur richesse et de leur pureté irréelles. Avec Yquem, le paradis est à portée du palais, car ce vin condense tous les parfums du jardin de la Genèse.

Dès que vos lèvres touchent ce nectar, votre corps et votre tête vibrent d'une sensation intense. Un plaisir extrême. Une joie indicible. Un amour brûlant. Vous entrez dans l'univers de l'extase mystique, où la frontière entre la jouissance de l'esprit et la jouissance physique est ténue. Un monde où les moments les plus forts de votre vie ressortent de votre mémoire, l'étreinte dans les bras d'une

Page 238, deux bouteilles d'Yquem du XIXe siècle : « Comme en suspension, donner le sentiment d'un long temps passé. »

femme, la naissance d'un enfant, la beauté et la tranquillité de l'océan infini.

Yquem possède le secret d'englober des sensations *a priori* opposées : la douceur et la fraîcheur, la présence et la légèreté, l'élégance et la flamboyance. L'harmonie parfaite, absolue, s'accomplit à chaque gorgée.

Avec Yquem, toutes les fautes sont pardonnées. Toutes les douleurs sont oubliées. Toute tristesse consolée et transformée en larmes de bonheur.

A cet instant, tout devient vif, clair, débordant de vie, pétillant d'allégresse et de fraîcheur. Il s'élève en vous une grande paix intérieure, un sentiment inexplicable mais grandissant de certitude inébranlable. Vous vivez un instant d'éternité et d'absolu où tout est suspendu. La lumière radieuse du soleil sans voile d'Yquem brille dans votre cœur.

Vous faites l'expérience de la dimension absolue de chaque chose et de chaque instant.

Vivre, mourir et renaître

Vivre, mourir et renaître. Toute la tradition d'Yquem est un rituel qui illustre ce processus naturel à l'œuvre en toute chose. Dans ce cycle annuel, trois grandes phases se succèdent.

La première : la vie terrestre et solaire. Dominée par la quête de la maturité parfaite des raisins, de la plus grande complexité, de la plus extraordinaire concentration. A Yquem, le soleil règne, omniprésent. Les vignes recouvrent trois collines qui dominent la vallée de la Garonne, d'une altitude de presque cent mètres. Est, sud, ouest, nord, les yeux peuvent suivre le soleil toute la journée. Les raisins bénéficiant de toutes les expositions cardinales possibles, le soleil permet à chaque millésime la plus grande maturité possible.

Le soleil fait mûrir à Yquem deux cépages : le Sémillon (80%), au goût de sève et qui donne sa puissance au vin ; et le Sauvignon (20%), qui lui apporte sa finesse, ses arômes de fruit et sa fraîcheur. La concentration des parfums dans chaque grain de raisin est assurée à la fois par le soleil et par l'altitude de la colline qui fait naturellement descendre dans les profondeurs du sol toute humidité superflue.

Cailloux, argile et sables. C'est aussi de ses sols qu'Yquem tire sa très grande richesse. Sous l'action du soleil, cette extraordinaire diversité de textures de sol se transmute en très grande complexité de parfums et de saveur des raisins, puis du vin. Les cent treize hectares de vignes sont d'une telle diversité, d'un tel contraste que l'on pourrait « faire ici quatre très grands vins, complètement différents », selon Pierre Lurton, qui préside aux destinées d'Yquem.

En septembre, la maturité et la qualité des raisins est telle que l'on pourrait facilement faire naître à Yquem l'un des plus grands vins blancs secs au monde. Mais c'est à ce moment, précisément, que commence la deuxième phase du cycle d'Yquem : la *lente mort* des raisins pourtant si pleins de vie.

Venu des Landes, et coulant au pied d'Yquem, le Ciron est un ruisseau qui ne voit jamais les rayons du soleil, une voûte de feuilles le recouvrant tout au long de son cours.

Quand ses eaux froides se jettent dans celles, plus chaudes, de la Garonne, la rencontre des deux donne naissance le matin à des brumes très épaisses, mystérieuses, qui masquent complètement les collines, les vignes et le soleil au regard.

Dans cette humidité, un champignon mortel pour le raisin, le *Botrytis cinerea*, apparaît et se répand de façon irrégulière dans les vignes. Le climat étant ici océanique, donc contrasté, ces brumes s'estompent vers le milieu de la journée pour laisser place à un fort ensoleillement l'après-midi. L'humidité fait place à la sécheresse.

Le Botrytis – la « pourriture noble » tel qu'il est appelé à Sauternes –, accroché à la peau du raisin, la digère, puis s'insinue dans la baie. Le feu de l'enfer brûle les raisins de l'intérieur, fait s'évaporer l'eau. Le jus et la matière se concentrent. La teneur en sucre augmente (jusqu'à 400 grammes par litre) et donnera au vin sa richesse fabuleuse et cette capacité unique à affronter le temps.

Le vent sec de l'orient sèche les baies les après-midi, empêchant des lésions de se former sur la peau, prolongeant l'action du Botrytis. Chaque grain ainsi attaqué se flétrit, pourrit, et se couvre d'une pellicule couleur de cendre repoussante. Les grappes semblent se tordre de douleur. « C'est une forme de lèpre qui tue les raisins d'Yquem », pour Pierre Lurton. Prêts pour le grand voyage vers l'au-delà des mystères de l'Egypte ancienne, les raisins sont momifiés sous un voile de cendre de Botrytis.

A ce moment, et avec attention et discipline – les éléments cosmiques ne destinant à cette mort particulière que certains grains de raisins – l'homme peut commencer les vendanges qui concluent cette deuxième phase. Elles sont parmi les plus longues au monde : cent cinquante hommes et femmes peuvent passer jusqu'à dix fois dans les vignes, pendant plusieurs mois, pour recueillir grain à grain les corps desséchés des raisins. Les rangs des vignes d'Yquem ont alors des allures de convoi funéraire. Lorsque les vendangeurs déposent les dépouilles des raisins dans de grands contenants, les voiles de cendre de Botrytis se déchirent, des fumées grisâtres de poussières s'élèvent.

Peut alors commencer la troisième et dernière phase de cette mystérieuse alchimie, celle de la renaissance où, de l'obscurité de la mort, la lumière et la vie vont jaillir. Arrivés dans les chais, les raisins sont lentement pressés. Miraculeusement, de ces raisins noirâtres s'échappe un jus jaune or, couleur de la jeunesse, de la force, de l'éternité. Symbole des dieux. Le silence est à cet instant saisissant. Puis, lentement (jusqu'à 40 mois contre 24 mois pour les vins rouges), ce jus cristallin va fermenter, se transformer en vin, et vieillir dans des barriques de chêne. Après ce long périple, lorsque ce liquide magique sera mis en bouteilles dans des flacons transparents comme le ciel, la transmutation alchimique sera complète.

De l'obscurité de la mort, la lumière et la vie auront jailli, le soleil se sera incarné en Yquem.

Cinquante ans, cent ans, cent cinquante ans... Parce qu'il a traversé la mort, Yquem peut traverser le temps, indéfiniment.

L'abbaye royale

Yquem est un lieu hors du temps, un espace protégé, tenu à l'écart des bruits et incertitudes de la vie des hommes pendant des siècles. Dès que vous vous en approchez, le sentiment particulier et précieux d'être loin de tout, et si près de l'essentiel, vous envahit.

Bien qu'il en ait l'apparence, Yquem n'est pas seulement un château. C'est bien plutôt une abbaye. Un lieu sacré, de paix, de silence et de travail.

Perché sur une colline à près de cent mètres d'altitude, situé à une cinquantaine de kilomètres au sud-est de Bordeaux, Yquem est le point culminant et le cœur de tout Sauternes. Il domine toute la vallée de la Garonne qui coule vers Bordeaux, et tous les Premiers Crus classés de Sauternes, qui sont situés dans un rayon de 1,6 kilomètre autour de lui, tels des vassaux assemblés autour de leur roi.

Le sentiment de domination est renforcé par le ciel. Immense. A perte de vue. Dans toutes les directions, rien n'arrête le regard. Sauf peut-être quelques palombes qui tracent des figures géométriques et symétriques. Yquem, le seul Premier Cru Classé Supérieur, domine le monde, avec la certitude d'être une montagne sacrée, l'un de ces lieux à part où s'accomplit des miracles.

En grimpant par le chemin abrupt qui mène au sommet, le château s'offre à vous. Féodal, c'était à l'origine une maison forte, transformée avec le temps en ferme fortifiée. Murailles, tours aux toits pointus, cour intérieure, tous les styles architecturaux sont présents. Mais l'impression qui domine est celle d'une harmonie parfaite, d'un dépouillement extrême et d'une grande simplicité.

Réparties sur tous les flancs de la colline et plus loin encore, les vignes, orientées majoritairement sur l'axe sacré nord-sud, recouvrent tout le paysage sur cent hectares. Un silence de paix intérieure, de joie de vivre indicible et pétillante émane des lieux et de tous les visages croisés au hasard de vos pas. La complicité de ceux qui connaissent la simplicité intérieure est presque palpable. Dans la vivacité de l'air, sur les pierres jaunes du château, sur la terre dorée du sol, partout, une lumière vive et d'or vous entoure et vous prépare à celle qui jaillira du nectar.

L'un des lieux les plus secrets d'Yquem se trouve à quelques mètres. C'est un labyrinthe de millésimes anciens. Plusieurs siècles d'Yquem et de trésors y sont entreposés, rangés, annotés de souvenirs, tels les manuscrits de la bibliothèque de toute la chrétienté du *Nom de la Rose*. Pas d'obscurité ici, car ces vins enluminés éclairent d'une lumière jaune et dorée la longue pièce. Là encore, Yquem prouve qu'il sait faire jaillir la lumière de l'obscurité, et la vie de la mort.

Yquem est un pèlerinage, un voyage vers la paix et le silence. Chacun peut s'y retrouver, goûter et apprécier ces instants magiques où le temps est suspendu à chaque instant.

Les Gardiens de la Couronne

Incarnation du principe universel de vie, de mort et de renaissance, Yquem ne peut réellement appartenir à aucun homme. Au cours des âges, ceux qui ont eu à régner temporairement sur Yquem n'en ont toujours été que les gardiens, les intendants.

Pérennité. Perfection. Sacré. Transcendance. L'histoire d'Yquem est magnifiquement résumée dans le symbole qui orne ses bouteilles : la couronne. Et c'est bien cette couronne qui aura été transmise à chaque héritier au cours de l'histoire millénaire d'Yquem.

Il y a presque mille ans, Yquem est un domaine royal, le seul des plus grands vins de Bordeaux ayant appartenu à des rois. Rien de plus normal puisque, comme Yquem, le roi est à l'époque l'incarnation du principe divin sur Terre. En plein Moyen Age, en 1137, Yquem est la propriété d'Aliénor d'Aquitaine. Après un premier mariage avec le futur roi de France Louis VII, elle épouse Henri Plantagenêt, qui deviendra roi d'Angleterre sous le nom de Henry II. Pendant trois siècles, Yquem appartient donc à la couronne d'Angleterre. En 1453, à la fin de la guerre de Cent Ans (1337-1453), Yquem revient à la couronne de France. Certains érudits prétendent que déjà, au temps de François Ier (1494-1547) et de Léonard de Vinci, on laissait à Yquem pourrir les raisins pour produire ce breuvage magique.

Copernic, Luther... Quand, à la Renaissance, l'ordre immuable du monde est remis en cause, les certitudes sont bousculées, la monarchie d'essence divine contestée, la providence confie la couronne d'Yquem à une famille : les Sauvage. En 1593, Jacques Sauvage, un notable local, reçoit du roi de France les droits de tenure simple sur les terres d'Yquem. En 1650, ses descendants sont anoblis par Louis XIV. En 1785, à la veille de la tourmente révolutionnaire, Françoise-Joséphine Sauvage d'Yquem – la descendante de Jacques Sauvage – épouse le comte Louis Amédée de Lur Saluces. La couronne d'Yquem reste dans la même famille mais par mariage sera désormais associée au nom de Lur Saluces. Romain-Bertrand, Amédée, Eugène, Bertrand, Alexandre... la lignée des Lur Saluces se perpétue à chaque génération jusqu'à la fin du XXe siècle. Conscient de sa haute charge, chacun des représentants de cette famille – désigné et choisi nominativement par son prédécesseur – va permettre à Yquem de traverser sans encombres les tempêtes de l'histoire pendant ces deux siècles tourmentés.

A la fin du XXe siècle, alors que la mondialisation menace l'indépendance et la pérennité d'Yquem, la famille des Lur Saluces décide de confier la couronne de soleil et d'or d'Yquem au groupe de luxe LVMH, Moët Hennessy-Louis Vuitton, à coup sûr l'empire français le mieux armé tant culturellement que financièrement pour la préserver et pour perpétuer ces rites sacrés dans le troisième millénaire.

Au final, chacun des gardiens successifs de la couronne d'Yquem aura magnifiquement été digne de sa charge en manifestant cinq qualités souvent rares aujourd'hui.

L'excellence tout d'abord. Chacun des 600 000 pieds de vigne recevant au total une cinquantaine de soins différents, ce sont trente millions de gestes parfaits qui sont réalisés chaque année. Chacun d'eux est réalisé avec la même dévotion et minutie que celles que les moines enlumineurs du Moyen Age mettaient à copier les textes sacrés.

Le courage. Pour qu'au travers des vicissitudes et de l'adversité du temps, quoi qu'il en coûte, Yquem reste ce qu'il doit être.

L'humilité. De ceux qui savent n'être que les serviteurs d'un mystère qui les dépasse.

Le détachement. Car chaque année, la nature peut réduire à néant en une journée le travail des hommes d'une année : avec de la pluie, les raisins se gorgent d'eau, et la concentration disparaît. Incapables de donner du Yquem, les raisins sont coupés et laissés à terre, destinés à la décomposition. Il n'y a alors pas de millésime produit à Yquem.

Et la croyance dans le sacré et l'absolu. Car, comme l'affirme Pierre Lurton : « Ici, l'homme doit se hisser à la hauteur d'Yquem. » Yquem n'appartient pas au monde du maintenant, mais à celui de l'absolu.

Le Saint-Graal

Au-delà des mots. Indicible. Avec Yquem, on quitte le monde des vins pour entrer dans celui des symboles, où est suggéré ce que l'on ne peut ni dire, ni écrire.

Fait de lumière et d'or. Réceptacle de toutes les traditions hermétiques. Doté de pouvoirs magiques. S'il est un objet qui peut symboliser la quête perpétuée à Yquem, c'est le Saint-Graal de la littérature médiévale. Objet des quêtes des chevaliers de la Table ronde. Les bienheureux qui réussissent à tremper leurs lèvres dans un calice d'Yquem le savent : de cet élixir naît la compréhension mystérieuse et intuitive des secrets de toute chose.

Comme le Graal, Yquem symbolise la plénitude intérieure que les hommes ont toujours ardemment cherchée. C'est un miroir de l'aventure spirituelle, de la transformation de l'esprit et du cœur qui s'opère chez l'homme qui le cherche.

Yquem est le vin que l'on devrait déguster avant de mourir. Pour s'y préparer, et pour entrer dans la mort en toute sérénité. Et garder vive à l'esprit ces paroles d'un vieux sage :

Je me réjouis de la mort bien davantage encore

Que ne se réjouissent les navigateurs à amasser d'immenses fortunes sur les mers

Ou que les seigneurs des dieux qui se vantent de leurs victoires aux combats [...]

Je ne m'attarderai pas plus longtemps en ce monde ;

Mais irai demeurer dans la citadelle de la grande béatitude de l'immortalité

« Yquem n’appartient pas au monde du maintenant, mais à celui de l’absolu. »

« Vivre, mourir et renaître. Toute la tradition des Sauternes et d'Yquem est une pratique, un rituel, destiné à illustrer ce processus naturel à l'oeuvre en toute chose. »

Page 250, rang de vigne de Sémillon : « De l'ordre de la danse. »
Page 251, vrille de vigne : « Une clef musicale sur une portée. »

« Lorsque ce liquide magique sera mis en bouteilles dans des flacons transparents comme le ciel, la transmutation alchimique sera complète. »

« Aller à Yquem est un pèlerinage, un voyage vers la paix et le silence. »

Page 254, vignoble d'Yquem : « Matière, brillance, orage. Voir Turner. »

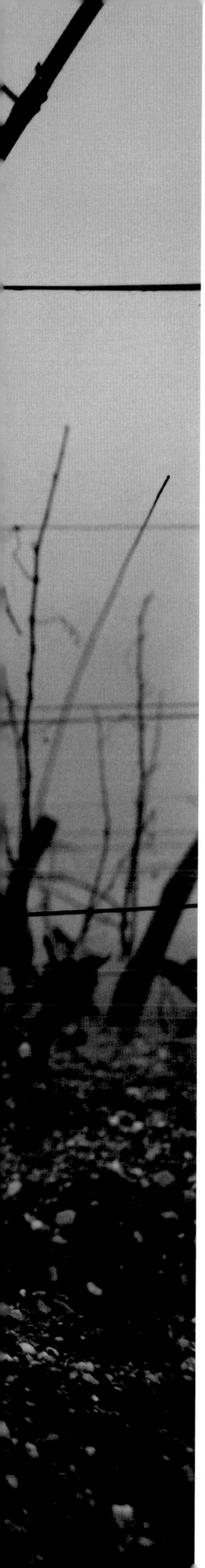

« Chaque geste est réalisé avec la même dévotion et minutie que celles que les moines enlumineurs du Moyen Age mettaient à copier les textes sacrés. »

Pages 258 et 259, ceps de vigne : « Déconstruction presque pédagogique d'un cep de vigne. »

« Comme le Graal, Yquem symbolise la plénitude intérieure que les hommes ont toujours ardemment cherchée. »

Page 262, vendange manuelle, grain par grain : « Montrer l'extrême délicatesse du geste, quelque chose de très féminin. »

« Yquem est le vin que l'on devrait déguster avant de mourir. Pour s'y préparer, et pour entrer dans la mort en toute sérénité. »

L'Empire de Bordeaux

Terre et Histoire

La Terre Promise des Grands Vins

L'Empire de Bordeaux

Prospérant sur une étroite langue de terre pauvre coincée entre l'océan Atlantique et deux fleuves, bordé par les Landes l'une des régions les plus déshéritées d'Europe, le vignoble de Bordeaux était sans doute prédestiné à la création des plus grands vins.

Nés des colères de deux fleuves

Car, comme le confie un maître des grands vins : « Ici, de toute façon, à part la vigne rien ne pousse. »

Les grands vins de Bordeaux sont nés des colères de deux fleuves : la Garonne et la Dordogne. Ils leur doivent presque tout.

Il y a des millions d'années, à la fin des ères glaciaires, la fonte des immenses glaciers des Pyrénées et du Massif central fait se déverser sur cette terre qui deviendra le Bordelais des eaux d'une violence inouïe. Dans leur furie, la Garonne et la Dordogne arrachent aux montagnes des milliards de mètres cubes de cailloux : les « graves », comme on les nomme à Bordeaux. Comme deux serpents en colère, les deux fleuves changent fréquemment de lit et balaient toute la région de leurs mouvements. Les cailloux se dispersent et se déposent en épaisses terrasses que l'érosion va ensuite modeler en collines de cailloux.

Au cours des soubresauts géologiques qui ont suivi les graves ont failli disparaître, largement recouvertes d'abord à l'ouest par le sable de l'Océan qui a envahi tout le littoral de l'Atlantique, puis à l'est par les boues des remontées de la Gironde lors des périodes de réchauffement. Seule une étroite bande de graves a résisté. Elle forme un chapelet de monticules de cailloux qui s'étagent en petite collines de part et d'autre de Bordeaux le long de la Garonne. Les plus grands châteaux occupent les meilleures places : les collines de graves les plus hautes, les plus pentues, celles qui regardent le fleuve.

Les graves : des montagnes de pierres précieuses

Souffrance, dépassement, perfection. Dans leur immense majorité, les grands Bordeaux sont issus de ces cailloux, les graves.

De ce sol très pauvre naît la complexité et la singularité des grands Bordeaux. Car les conditions extrêmes des nappes de graves obligent la vigne à se sublimer pour ne pas mourir et pour pouvoir offrir des raisins de très grande qualité.

Seule la vigne dispose de racines assez puissantes et assez longues pour puiser en profondeur eau et nourriture dans un sol si pauvre, et atteignant parfois plus de dix mètres d'épaisseur de cailloux.

Les cailloux laissant immédiatement ruisseler l'eau, seule la vigne possède aussi la capacité de survivre dans un sol aussi sec. Elle réussit même à transformer cette sécheresse du sol en concentration de parfums dans les raisins.

Seule la vigne enfin peut résister à la fournaise des graves : les cailloux réfléchissant la lumière et la chaleur du soleil, les raisins sont « placés entre deux soleils », comme le dit un œnologue du XIXe siècle. Dans cette fournaise, la maturité des raisins est assurée, plus qu'ailleurs, et avec elle la capacité pour le vin à traverser le temps.

Un damier complexe de sous-sols

Comme plus tard l'Angleterre et la France, le continent et l'Océan se sont longtemps disputés la région de Bordeaux. D'où un mille-feuille de couches géologiques où alternent le calcaire, l'argile, le sable et les cailloux. Les jeux conjugués de la tectonique des plaques – soulèvement des Pyrénées – et de l'action des eaux ont mélangé ces couches si bien qu'aujourd'hui, sous leur nappe de cailloux, les sous-sols des plus grands Bordeaux sont d'une grande complexité. Complexité qui se retrouve dans les parfums des raisins.

Si en surface le sol de cailloux peut paraître identique, la spécificité du sous-sol explique souvent les grandes différences de qualité et de goût des raisins.

Un sous-sol d'argile favorise la puissance ; le calcaire apporte plutôt de la finesse et de la complexité. Et souvent, les châteaux jouent sur la complémentarité de leurs sous-sols pour renforcer encore leur personnalité.

Un climat équilibré par l'Océan et la Gironde

La complexité et l'équilibre légendaires des grands vins de Bordeaux viennent aussi de la très forte présence apaisante de l'eau.

A l'ouest, l'Océan. Immense, sans fin, et si proche. Il fait don à Bordeaux des eaux chaudes du Gulf Stream et donc d'hivers tempérés et d'étés chauds, permettant à la vigne et aux raisins de bénéficier d'un climat idéal pour mûrir à la perfection.

C'est ce secret qui permet à la vigne de prospérer à une latitude aussi septentrionale.

Entre la Garonne et l'Océan, la forêt des Landes – l'une des plus grandes forêts de pins d'Europe – apporte une protection naturelle à la vigne contre le sel et les vents marins puissants.

Au nord, veille l'estuaire de la Gironde, fascinant et dangereux. Avec ses eaux jaunes et tourbillonnantes, toujours en mouvement à cause de la marée, cette mer intérieure lisse les écarts de température entre le jour et la nuit et entre les saisons. Protégeant les vignes qui s'échelonnent le long de son cours, renforçant ainsi la maturation harmonieuse des raisins.

L'harmonie des Contraires

Une terre déshéritée mais où la vigne s'épanouit à merveille. Un terrain de bataille entre l'Océan et le continent. Né sous le double signe de l'eau et du feu. Un jeu subtil entre des cailloux, du calcaire et de l'argile, où l'homme y fait mûrir aujourd'hui principalement trois cépages : le Cabernet sauvignon, le Cabernet franc et le Merlot.

De cet équilibre paradoxal naît le style des vins de Bordeaux : l'harmonie des contraires.

Car seuls les grands Bordeaux savent allier des qualités a priori opposées : puissance et finesse, richesse et distinction, et profondeur et précision.

> « Les grands Bordeaux savent allier des qualités a priori opposées : puissance et finesse, richesse et distinction, et profondeur et précision. »

« Le vignoble de Bordeaux était sans doute prédestiné à la création des plus grands vins. Car, comme le confie un maître des grands vins : " Ici, de toute façon, à part la vigne rien ne pousse. " »

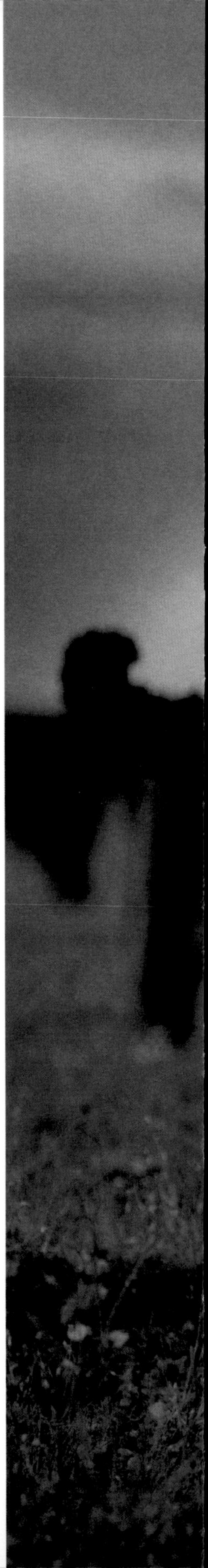

Un Archipel tourné vers le Grand Large

L'Empire de Bordeaux

Le phare de Cordouan, à l'embouchure de la Gironde. Le plus ancien phare en activité de France a des allures de « Versailles de la mer ». Il est entré en service au XIVe siècle, puis reconstruit en 1611 dans un style néo-classique, soit cinq siècles avant que ne soit construit le premier pont sur la Garonne, sous Napoléon… Car bien que formellement français depuis de nombreux siècles, le monde de Bordeaux a toujours plus regardé vers l'Océan, vers le grand large, que vers la France.

Bordeaux, la ville-état

Hétérogène et morcelé tant géographiquement que culturellement, le royaume de Bordeaux a des allures d'archipel. Malgré la proximité géographique entre les différents lieux, les communications furent longtemps difficiles.

Au centre se dresse la ville de Bordeaux elle-même. Un port tourné vers le monde et dédié au commerce du vin.

Une ville-état : par son dynamisme commercial, son esprit de corps, son indépendance et son architecture princière du XVIIIe siècle, Bordeaux s'apparente aux anciennes villes souveraines du Nord de l'Europe.

Le vignoble a été créé par la ville de Bordeaux : ses habitants, ses franchises et privilèges juridiques, ses capitaux, son système commercial. En retour, toute la richesse, toute la beauté et toute la puissance de Bordeaux sont nées du vin et de son commerce.

Le quartier des Chartrons, sur les quais de la Garonne, symbolise cette osmose de la ville et de son vignoble. Des centaines d'anciennes maisons de négoce aux belles façades de pierres continuent en d'étroits entrepôts dont certains font plus de cent mètres de long.

Le poids symbolique et économique de Bordeaux dans la région est tel que l'on ne dit pas « vins d'Aquitaine » ou de « la Garonne » comme on dit « vins de Bourgogne », mais « vins de Bordeaux », ou « Bordeaux », seul.

Pessac, le vignoble des faubourgs

Dès que s'arrête la ville de Bordeaux, commence la vigne. Depuis le Moyen Age il en est ainsi. Le vignoble est né dans la ville même. Chaque lopin de terre était planté de vignes. Plus tard les premiers « châteaux » ont été créés par des notables bordelais à la périphérie de la ville. Ils ont joué un rôle clef dans l'essor de la ville.

Aujourd'hui, Pessac-Léognan prend des allures de vignoble des faubourgs. En prospérant, la ville a colonisé, et presque entièrement englouti, le vignoble qui avait fait sa fortune et sa gloire. Seuls les crus les plus renommés résistent à l'urbanisation. La proche banlieue de Bordeaux comptait près de deux cents châteaux au début du XXe siècle. Mais à présent, l'appellation Pessac-Léognan ne comprend plus que seize grands crus dont Haut-Brion, le père des châteaux de Bordeaux, enclavé dans la ville.

Fidèle à la tradition, ce vignoble des faubourgs produit à la fois de subtils vins blancs marqués par les agrumes et les fruits exotiques, et de très fins vins rouges au bouquet fumé, caractéristique des graves.

Le Médoc, Terre maudite, Terre promise du vin

Le Médoc, au nord de Bordeaux, est une « terre maudite » que les XVIIe et XVIIIe siècles ont transformé en « Terre promise » du vin. Cette langue de sables et de pierres coincée entre la violence de l'océan Atlantique et les colères de la Garonne était auparavant un désert « solitaire et sauvage » de landes et de marécages, comme le dit La Boétie.

Cette « terre maudite » fut colonisée entre la fin du XVIe et le début du XVIIe siècle par les grandes familles bordelaises qui y ont créé de grands domaines dédiés à la vigne avoisinant souvent cent hectares.

Sur ces terres caillouteuses et stériles, furent créés au cours des siècles notamment Margaux, Mouton, Lafite, Latour. Majoritairement issus de Cabernet sauvignon, les vins rouges y sont d'une immense complexité et d'une grande élégance. Ici est la « Terre promise » de la vigne.

Sauternes, les collines des brumes

A cinquante kilomètres au sud-est de Bordeaux se cachent les collines de brumes de Sauternes, et d'Yquem. Là, une mystérieuse alchimie produit des vins sucrés à couleur d'or, au goût de miel, mélange de lumière liquide et de soleil cristallisé.

Lorsque les eaux froides du Ciron, une petite rivière, se jettent dans celles plus chaude de la Garonne, une brume épaisse se développe et recouvre tout le paysage.

Elle favorise le développement d'un champignon (le *Botrytis cinerea*) aux vertus magiques et mystérieuses, à l'origine du miracle des vins de Sauternes.

Saint-Emilion, la citadelle de calcaire

Plus loin, à l'est, de l'autre côté de la Dordogne, se dresse Saint-Emilion, la citadelle orange. Ce magnifique village médiéval escalade un cirque calcaire le long de la Dordogne. Exemple unique d'architecture moyenâgeuse, la ville est classée au patrimoine mondial de l'Unesco.

Les habitants ont creusé une partie de la ville dans le roc. Et notamment une très belle église troglodyte.

Saint-Emilion est une mer de vignes. Le moindre mètre carré est planté. Le vignoble part de la plaine de la Dordogne puis monte à l'assaut de la cité où les vignes d'Ausone sont accrochées aux coteaux.

La vigne déferle sur l'intégralité du large plateau qui s'étend sur une dizaine de kilomètres derrière la ville et où se trouve Cheval Blanc.

Sur ces sols de calcaire et d'argile, au climat plus continental, les cépages Cabernet franc et Merlot s'épanouissent, donnant des vins colorés, riches et très expressifs.

Emietté en petites exploitations (plus de mille pour un peu moins de 6 000 hectares), le vignoble de Saint-Emilion s'oppose à celui du Médoc et de ses grandes propriétés.

La distance géographique entre la ville de Bordeaux et celle de Saint-Emilion semble courte : seulement une trentaine de kilomètres. Pourtant Saint-Emilion est tout sauf un satellite de Bordeaux. Depuis la nuit des temps, une très forte rivalité oppose ces deux villes et, à travers d'elles, le monde du bassin de la Dordogne et celui de la Garonne.

Pomerol, le plat pays

Le vignoble de Pomerol prolonge la plaine de Saint-Emilion.

Rien de moins spectaculaire que ce paysage : une mer désespérément plate de vignes, un village aux maisons éparpillées, et, posée là, au milieu des vignes, une église du XIXe siècle qui n'apporte rien au regard ni au paysage.

Pomerol refuse toute ornementation, tout pittoresque, tout décor : la vigne, rien que la vigne, toute la vigne.

Malgré sa richesse fabuleuse, c'est un vignoble paysan. Ici on refuse toute hiérarchie officielle. Pas de classement à Pomerol. Comme si on y nourrissait la « passion de l'égalité ». Les propriétaires de Pomerol négligent souvent de se faire construire des châteaux.

Pomerol est le jardin secret du Merlot, et ses vins figurent – notamment Petrus le plus brillant d'entre eux – parmi les plus chers et les plus prisés du monde.

Sur les sols d'argile et de cailloux de Pomerol, le Merlot donne le meilleur de lui-même, produisant des vins sombres, intenses, opulents et voluptueux.

La civilisation du vin

Bordeaux s'illustre par une concentration unique des plus grands vins. A l'image des villes italiennes de la Renaissance dans le domaine de l'art, l'archipel de Bordeaux a su tirer profit de ses différences et de ses rivalités pour offrir au monde entier une palette fabuleuse de vins très différents, faisant chacun référence dans son style : classiques, comme Florence ; baroques, comme Rome ; parfaits, comme Sienne ou Pise. Les plus grands Bordeaux incarnent la civilisation du vin.

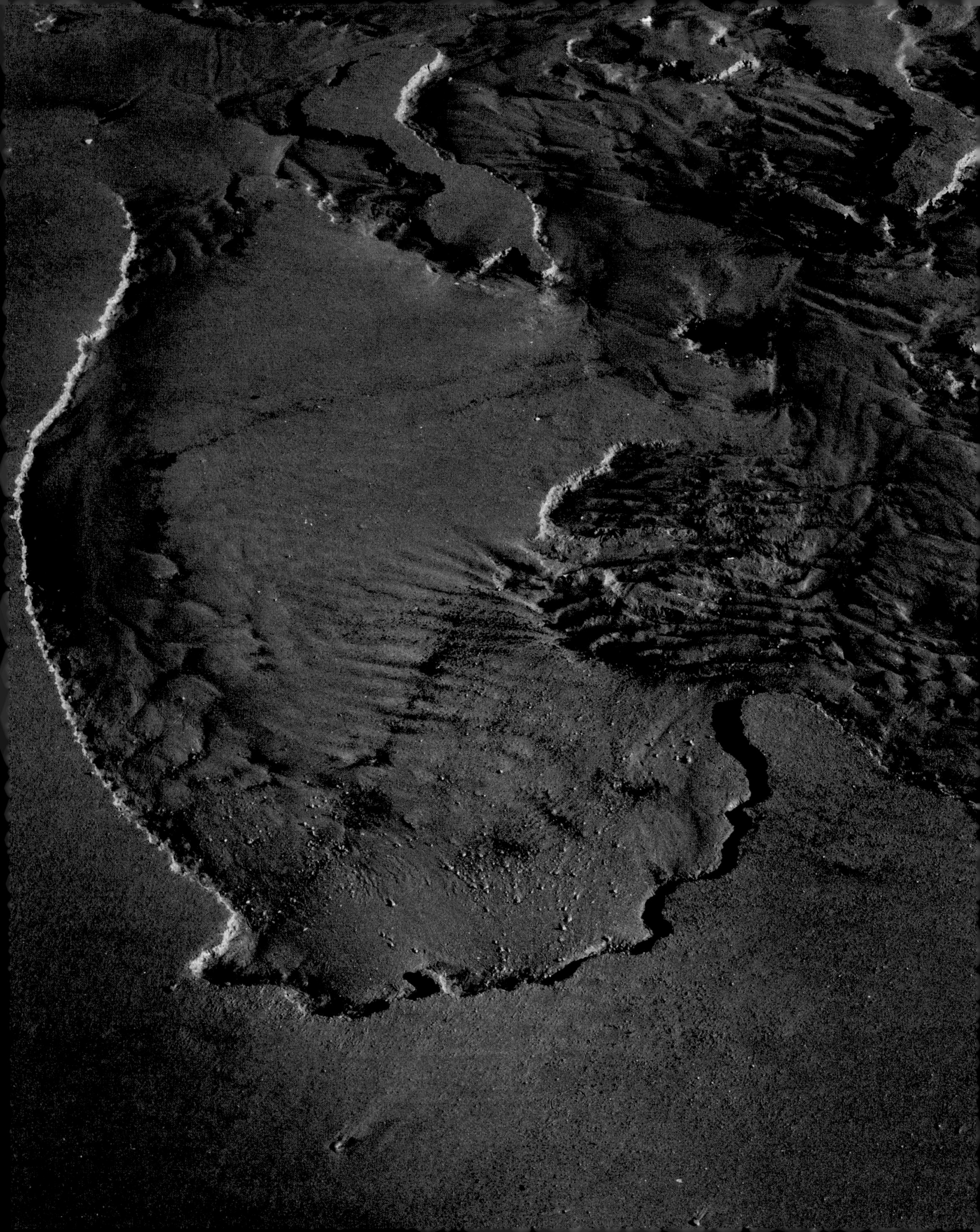

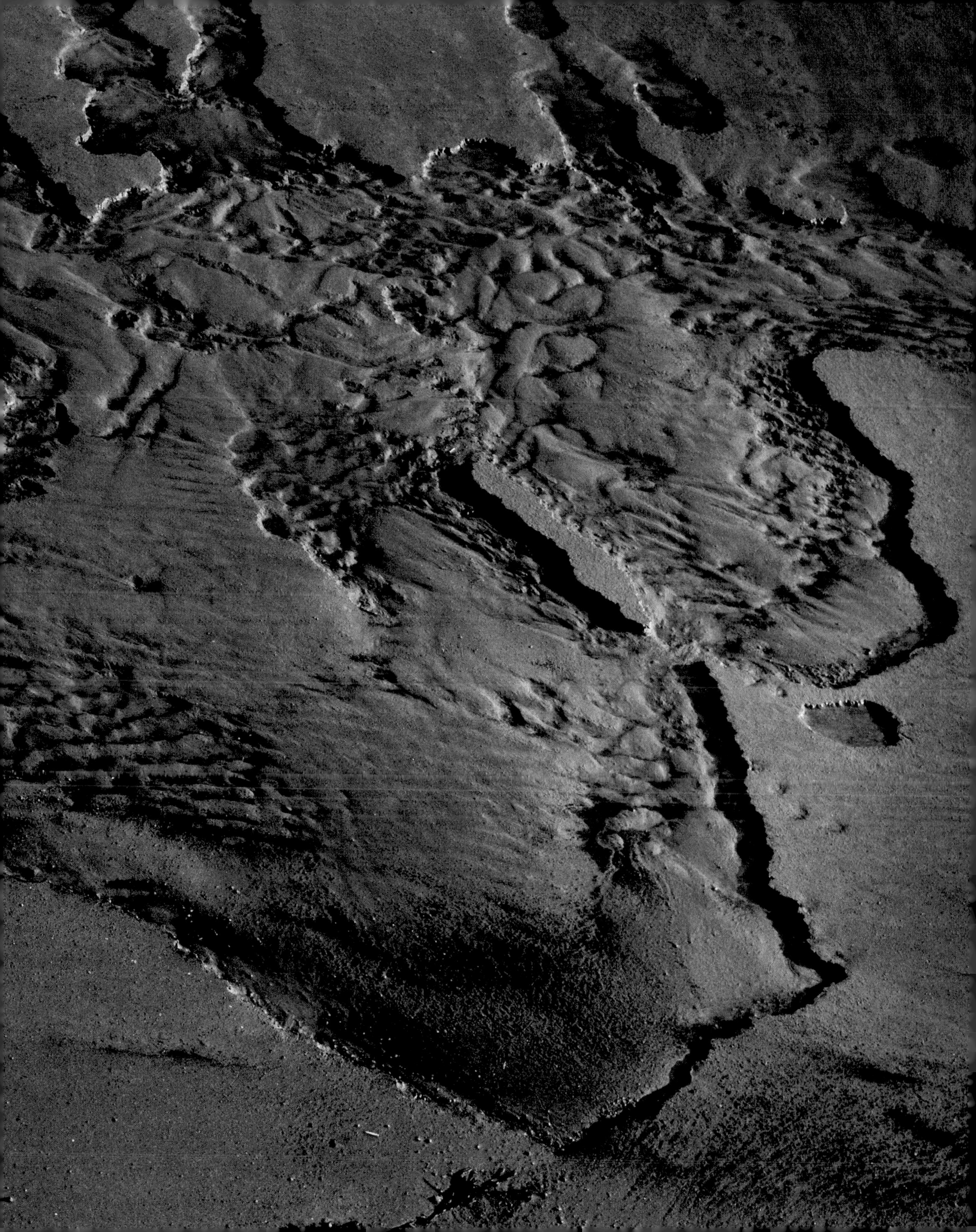

La Rome du Vin

L'Empire de Bordeaux

SPQR. *Senatos populusque Romanus.* Bordeaux est la Rome du vin. Là est née et s'est développée toute la civilisation du grand vin. Au cours de ses deux millénaires d'histoire, comme la Rome antique, le royaume de Bordeaux a toujours été marqué par une vocation impérialiste et une organisation exemplaire.
Ses propriétaires sont son Sénat. Ses châteaux ses légions. Les amateurs de vin du monde entier ses conquêtes. Et Bacchus est son dieu. L'histoire de Bordeaux et de ses vins est écrite en quatre livres.

Livre 1 : Burdigala

Au début de notre ère, Bordeaux (*Burdigala*) devient un carrefour commercial majeur entre le monde océanique celtique et le monde méditerranéen romain où l'on échange du vin méditerranéen contre de l'étain en provenance d'Armorique. Pour échapper aux droits de douane de puissantes cités, comme Narbonne, qui contrôlent les routes du vin méditerranéen, les habitants de Bordeaux développent la culture de la vigne sur leurs terres. A son tour le vin assure la prospérité et la gloire de la ville chantée par Ausone : « Toi qu'illustrent tes vins et tes fleuves. » Ce système est ruiné par la fin de la *Pax romana* et les troubles qui s'en suivent. Il faudra attendre la Paix des rois pour que Bordeaux retrouve sa superbe.

Livre 2 : L'Ere anglaise

En 1152 le duché d'Aquitaine passe sous domination anglaise et Bordeaux devient le fournisseur de vin de l'Angleterre. S'ouvrent alors trois siècles d'une prospérité d'autant plus forte que la ville de Bordeaux obtient des privilèges importants qui lui assurent un quasi-monopole commercial sur les terres d'Albion.
Le vin fait vivre toute la ville. Paysan, artisan, bourgeois, chacun cultive son lopin de vigne, et y produit un vin peu coloré, de qualité toute relative. Les vignes sont plantées dans la ville elle-même et dans sa périphérie.
L'essor du commerce du vin est tel qu'au XIVe siècle l'acheminement des vins de Bordeaux vers l'Angleterre est le trafic commercial le plus important d'Europe. En 1453 le retour de l'Aquitaine à la couronne de France et la

fin des privilèges de la ville entraîneront une décadence progressive du système. Le vignoble populaire du Moyen Age va s'effacer au profit de celui des grands aristocrates.

Livre 3 : Les Vins de princes

Une ère glorieuse pour Bordeaux s'ouvre à la Renaissance et s'affirme sous la monarchie absolue. A la fin du XVIe siècle et au début du XVIIe siècle, en quelques décennies, toute l'aristocratie de Bordeaux investit massivement dans le vin et crée sur les croupes de cailloux (les graves) des environs de Bordeaux, puis du Médoc, les « châteaux » que nous connaissons encore aujourd'hui.
Riches et puissants, ces grands seigneurs assemblent des terres en vastes domaines pour fonder de grands domaines, font identifier le lieu d'origine et de production de leur vin, créant ainsi la notion de château et élaborant les règles de qualité grâce auxquelles naît le vin que nous apprécions aujourd'hui. Novation remarquable, le vin de Bordeaux acquiert alors cette particularité de se bonifier avec le temps. Le succès est fulgurant. Haut-Brion, Lafite, Latour, Margaux, Yquem... Dès la fin du XVIIe siècle les principaux grands vins de Bordeaux rayonnent sur les tables de toutes les grandes capitales européennes.
Les grandes familles du vin, comme les Ségur, deviennent sous Louis XIV et Louis XV les plus grandes fortunes de France. Essor des techniques et des Lumières, affirmation d'une noblesse de robe dont le pouvoir vient de l'argent plus que du sang, développement d'une culture européenne dont l'art de vivre à la française est le modèle : l'essor et le rayonnement des grands vins de Bordeaux sont intimement liés à celui du monde moderne et de ses élites.

Livre 4 : Le Monde moderne

Cependant le règne des princes va être la proie d'une succession de crises et de catastrophes : la Révolution française qui déstabilise tout le système foncier et commercial bordelais, les désastres enchevêtrés des maladies de la vigne (mildiou, oïdium et phylloxera) au XIXe siècle. Puis la récession du début du XXe siècle et les guerres mondiales.
Ces fléaux vont entraîner le monde de Bordeaux dans un nouveau cycle de développement, marqué par de nouveaux propriétaires : les grandes familles et les grands capitaines d'industrie.
Grâce à la puissance financière de leurs nouveaux maîtres qui, contrairement aux précédents, recherchent plus l'excellence que le résultat financier, les grands Bordeaux partent en tête de la course à la suprématie, devant tous les autres grands vins du monde. Adoptés depuis longtemps par les élites américaines, ils se lancent alors à la conquête de l'Asie, et de nouvelles terres (Russie, Amérique du Sud, Chine...).

Collectionneurs d'art

Ces nouveaux propriétaires croient ardemment en la suprématie du goût, du style et de la complexité des vins de Bordeaux. Plus que

la dimension purement mercantile, c'est le rayonnement patrimonial, culturel et artistique de leurs vins qui compte à leurs yeux.
Leur secret est qu'ils investissent dans ces châteaux créateurs d'absolu par amour de l'art, comme d'autres collectionnent des tableaux ou des sculptures.

« Leur secret est qu'ils investissent dans ces châteaux comme les collectionneurs d'art le font dans des tableaux ou des sculptures. »

« Ses propriétaires sont son Sénat. Ses châteaux ses légions. Les amateurs de vin du monde entier ses conquêtes. Et Bacchus est son dieu. »

Remerciements

Ausone

Alain Vauthier, pour sa générosité à nous révéler les secrets des vieilles pierres d'Ausone.

Cheval Blanc

Pierre Lurton, pour la fidélité de son amitié.
Florence Auru, pour sa relecture attentive.

Haut-Brion

S.A.R. le prince Robert de Luxembourg, pour sa délicatesse et pour l'élégance avec laquelle il nous a ouvert les portes de Haut-Brion.
Jean-Pierre Delmas, pour la générosité avec laquelle il a partagé avec nous les secrets du style de Haut-Brion.
Alain Puginier, pour ses connaissances encyclopédiques et vivantes de l'histoire de tout Bordeaux.

Lafite

Le Baron Eric de Rothschild, pour la bienveillance avec laquelle il nous a ouvert les portes de Mouton.
Christophe Salin, pour sa contribution à la cohérence de l'ensemble du livre.
Charles Chevalier, pour sa générosité à partager les « secrets de fabrication » de Lafite et de son ambition.
Hélène Mollier, pour son soutien continu tout au long de la conception et de la réalisation du livre.

Latour

Frédéric Engerer, pour la générosité avec laquelle il a partagé avec force, clarté et précision les secrets de Latour.
Sonia Favreau, pour la gentillesse de son accueil.

Margaux

Corinne Mentzelopoulos, pour la bienveillance avec laquelle nous a accueillis à Margaux.
Paul Pontallier, pour le temps passé ensemble à dialoguer et à s'interroger sur les secrets de Margaux.
Johana Loubet, pour son soutien continu tout au long des prises de vues photographiques.

Mouton

La Baronne Philippine de Rothschild, pour la bienveillance avec laquelle elle nous a ouvert les portes de Monton.

Hervé Berland, pour son soutien inconditionnel dans l'élaboration du livre.

Petrus
Jean-Claude Berrouet, pour sa générosité à partager les secrets du sol et des raisins de Petrus.

Yquem
Pierre Lurton, pour la poésie et la magie de son expérience à Yquem.
Valérie Léleugue, pour sa relecture précise.

Nos Compagnons de dégustation
Olga, *Emmanuel*, *Jean*, *Pierre* et *Richard*, nos cinq compagnons, avec qui nous avons passé neuf soirées mémorables à déguster et à mettre en mots et en images cinq millésimes de chacun des neuf mythes de Bordeaux, du XIXe siècle jusqu'à nos jours.

Agence VU'
Xavier Soule, pour la rencontre qu'il a occasionnée avec l'Agence VU'.
Christian Caujolle, pour son amitié, son exigence constante et la qualité de son regard.
Vincent Marcilhacy, pour sa constante disponibilité et son enthousiasme communicatif.

Imprimerie Le Govic
Pierre Le Govic, pour son perfectionnisme et ses talents de magicien de l'impression.

Arctic Paper
Daniel Wormoringer, pour son exigence à trouver le papier le plus à même de révéler la beauté des photographies.

Dupon Labo
Jean-François Camp, pour la qualité de son regard et l'expertise technique unique de son laboratoire.

Frédéric Lallemand, pour l'impulsion qu'il a su donner aux photographies du livre.
Mme Malher-Besse, pour la bienveillance avec laquelle elle nous a ouvert les portes du château de Montaigne.
Birgit Emmbee, sœur spirituelle d'Elisabeth Costello, pour nos échanges et ses textes d'une grande lucidité.

Et à *Claude Boudamani*, *Philippe Delecroix*… et tous les autres talents et amis qui ont contribué à la réalisation de ce premier livre des **Editions 1855**.

Editions 1855

Indépendante, et dédiée exclusivement aux livres illustrés et aux grands vins, les **Editions 1855** ont pour ambition de devenir dans leur domaine la référence incontestée pour les amateurs de vins et de livres.
La mission des **Editions 1855** ? Révéler, au travers de chacun de ses livres, les secrets et le « sens caché » du monde des grands vins.

1855

Créée il y a un peu plus de dix ans, l'objectif de **1855** est de bâtir la première marque mondiale de la distribution haut de gamme de vins, d'être dans ce domaine ce qu'Hermès est à la mode, la bagagerie, les accessoires.
Avec plus de 15 000 références de vins, **1855** propose le plus grand choix de vins au monde aux clients particuliers haut de gamme.